NE능률 영어교과서

KB071395

대한민국 고등학생 **10**명 중
4.7 명이 보는 교과서

영어 고등 교과서 점유율 1위
(7차, 2007 개정, 2009 개정, 2015 개정)

리딩튜터

그동안 판매된
리딩튜터 1,800만 부
차곡차곡 쌓으면 18만 미터

에베레스트
20배 높이

READING TUTOR
리딩튜터 기본

180,000m

에베레스트 8,848m

능률보카

그동안 판매된
능률VOCA 1,100만 부

대한민국 박스오피스
천만명을 넘은 영화
단 28개

VO CA

그래머존

그동안 판매된 400만 부의 그래머존을 바닥에 쭉 ~ 깔면
1000km 서울-부산 왕복가능

서울

부산

지은이	NELT 평가연구소
선임 연구원	김지현
연구원	윤인아
영문교열	Angela Lan
디자인	민유화
맥편집	김미진
영업	김영일, 이국전
마케팅	강주현, 김성준, 박소리

Copyright©2024 by NE Neungyule, Inc.

All rights reserved. No part of this publication may be reproduced, stored in a retrieval system, or transmitted in any form or by any means, electronic, mechanical, photocopying, recording, or otherwise, without the prior permission of the copyright owner.

✖ 본 교재의 독창적인 내용에 대한 일체의 무단 전재 · 모방은 법률로 금지되어 있습니다.

✚ 파본은 구매처에서 교환 가능합니다.

42 nd
Since 1980
Let's grow together

NE능률이
미래를
창조합니다.

건강한 배움의 고객가치를 제공하겠다는 꿈을 실현하기 위해
42년 동안 열심히 달려왔습니다.

앞으로도 끊임없는 연구와 노력을 통해
당연한 것을 멈추지 않고

고객, 기업, 직원 모두가 함께 성장하는 NE능률이 되겠습니다.

NE능률의 모든 교재가 한 곳에 - 엔이 북스

NE_Books

www.nebooks.co.kr ▼

NE능률의 유초등 교재부터 중고생 참고서,
토익·토플 수험서와 일반 영어까지!
PC는 물론 태블릿 PC, 스마트폰으로 언제 어디서나
NE능률의 교재와 다양한 학습 자료를 만나보세요.

✓ 필요한 부가 학습 자료 바로 찾기
✓ 주요 인기 교재들을 한눈에 확인
✓ 나에게 딱 맞는 교재를 찾아주는 스마트 검색
✓ 함께 보면 좋은 교재와 다음 단계 교재 추천
✓ 회원 가입, 교재 후기 작성 등 사이트 활동 시 NE Point 적립

건강한
배움의 즐거움

NE 능률

영어교과서 리딩튜터 능률보카 빠른독해 바른독해 수능만만 월등한 개념 수학 유형 더블 토마토 토익 NE 클래스

NE_Build & Grow   NE_Times   NE_Kids(굿잡,상상수프)   NE_능률 주니어랩   아이챌린지

NELT
Neungyule English Level Test

—

문법 실전 모의고사

LEVEL **3**

NELT(Neungyule English Level Test)란?

NELT(넬트)는 영어교육 전문기업 NE능률이 한국 교육과정 기준으로 개발한 IBT(Internet Based Test) 방식의 영어 레벨 테스트입니다. 응시자 수준에 맞는 문항을 통해 영역별(어휘·문법·듣기·독해) 실력을 정확하게 측정하고 전국 단위 객관적 평가 지표와 맞춤형 학습 처방을 제공합니다. NELT를 통해 중고등 내신·수능에 대비하는 학생들의 약점을 파악하고, 효율적인 학습으로 실질적인 성적 향상을 도모할 수 있습니다.

시험 특징

⊙ 영역별 심화 학습 가능

정확한 어휘 활용 능력 측정

형태   의미   쓰임

약 1만 개 어휘를 토대로 설계한 다양한 문제 유형을 통해, 어휘의 형태/의미/쓰임을 제대로 알고 있는지 평가하여 정확한 어휘 활용 능력을 측정

문법 항목별 약점에 따라 처방

활용   판단

응시자가 문법적 맥락에 맞게 사용하지 못한 문법 항목들을 구체적으로 제공함으로써 올바른 문법 학습 방향을 제시

듣기 시험 대비와 의사소통 능력 향상

정보 파악   문제 해결   표현

교육부 듣기 영역 성취 기준에 따라 정보 이해력, 논리력, 문제 해결력, 추론 능력 등을 평가하여, 내신 및 수능 듣기 평가에 대비

심도 있는 평가를 통한 읽기 능력 향상

정보 파악   논리적 사고   문제 해결

교육부 읽기 영역 성취 기준에 따라 정보 이해력, 논리력, 문제 해결력, 추론 능력 등을 평가하여, 내신 및 수능 독해 평가에 대비

어휘력 / 문법 이해 / 듣기 능력 / 독해력 → 영어 실력 향상

⊙ 편리한 접근성
– PC/태블릿/스마트폰 등으로 언제 어디서나 원하는 날짜와 시간에 응시
– 학생 응시 완료 후 성적 결과를 곧바로 확인

⊙ 정확한 실력 측정
– 응시자 실력에 따라 난이도가 결정되는 반응형 테스트
– Pre-test(어휘) 결과에 따라 응시자 수준에 적합한 영역별 문항 출제

⊙ 상세한 성적표
– 한국 교육과정 기준의 객관적 지표로 영역별 실력 진단
– 내신·수능 대비에 최적화한 맞춤형 학습 처방 제공

NELT 요약 성적표 예시 ▶

시험 구성

⊙ 시험 종류

※ Pre-test(어휘) 제외

구분	테스트 영역	문항 수 / 제한시간
종합 테스트	NELT 어휘+문법+듣기+독해	68문항 / 65분
선택형 테스트	NELT 어휘+문법	40문항 / 26분

⊙ 영역별 세부 구성

※ Pre-test(어휘) 결과에 따라 영역별 응시 문항 난이도가 결정됨

구분	Pre-test (어휘)	어휘	문법	듣기	독해
평가 내용	어휘의 철자와 의미를 안다.	문맥 속에서 어휘의 다양한 의미와 쓰임을 이해하고 사용할 수 있다.	어법의 올바른 쓰임을 알고 활용할 수 있다.	대화나 담화를 듣고 내용을 적절히 파악하고 이해할 수 있다.	글을 읽고 글의 주제와 세부 사항, 논리적 흐름을 파악하고 이해할 수 있다.
평가 유형	단어 의미 이해하기	– 단어 이해하고 문맥에서 활용하기 – 상관 관계 파악하기 – 다의어 이해하기 – 알맞은 단어 사용하기	– 어법성 판단하기 – 어법에 맞게 사용하기	– 대의 파악하기 – 세부 사항 파악하기 – 추론하기 – 적절한 표현 고르기	– 대의 파악하기 – 세부 사항 파악하기 – 추론하기 – 논리적 관계 파악하기
답안 유형	객관식	객관식+주관식	객관식+주관식	객관식	객관식
문항 수	30~40문항	20문항	20문항	12문항	16문항
제한시간 /평균 소요시간	10분/4분	10분/7분	16분/11분	14분/9분	25분/13분

⊙ 레벨 구성

레벨	1	2	3	4	5	6	7	8	9
학년	Kinder~초2	초3~초4	초5~초6	중1	중2	중3	고1	고2	고3
난이도	유치 ~초등 기초	초등 기본	초등 심화	중등 기초	중등 기본	중등 심화	고등 기초	고등 기본	수능 실전

NELT 고득점을 위한 이 책의 사용법

 실전 모의고사 응시

NELT 문법 영역에서 출제 가능성이 있는
모의고사 문제를 풀고 실력을 점검할 수
있습니다.

 문법 출제 포인트 확인

문항별 출제 포인트를 확인하며 취약한 부분을
점검해 보세요. 반복되는 학년별 주요 문법 사항을
정확히 알고 있는지 확인할 수 있습니다.

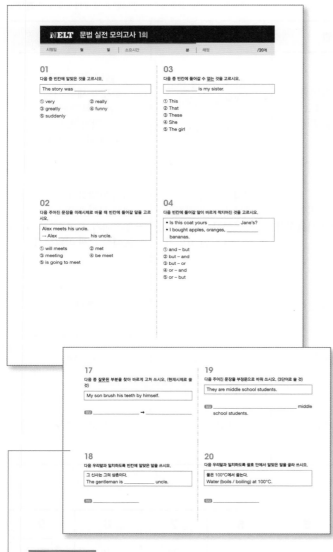

이해도 체크

문항별 출제 포인트에 대한 이해도를 O / X / △로
표시하며 스스로 점검할 수 있어요.

서술형 문항

실제 NELT 시험과 동일한 유형의 서술형 문항을 통해
NELT의 서술형 문항에 대비할 수 있어요.

③ STUDY BOOK으로 재점검

각 문항별 문법 포인트와 자세한 설명을
수록하여 문제의 핵심을 쉽게 파악할 수 있는
STUDY BOOK이 제공됩니다. 자세한 문법
설명을 통해 해당 문법 포인트를 한 번 더
집중적으로 학습하는데 활용해 보세요.

④ 복습 모의고사로 마무리

복습 모의고사 2회를 풀면서 각 문항의 정답을
꼼꼼하게 살펴보세요. 학년별 주요 문법 사항을
통합적으로 정리할 수 있습니다.

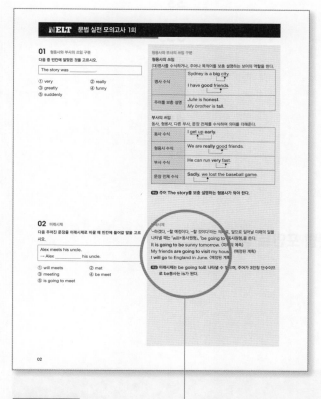

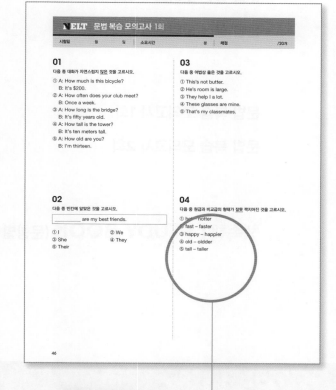

문법 포인트

문제에서 다룬 문법 포인트를 키워드로 제시한 후
자세한 설명을 제공합니다. 문법 사항에 대한 추가
학습을 통해 해당 문법을 자세히 이해할 수 있어요.

복습 모의고사

실전 모의고사 문항 중 핵심 문항으로 선별된
복습 모의고사를 통해 학년별로 출제 가능성이 높은
문항을 복습할 수 있어요.

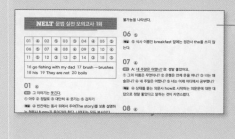

정답 및 해설 활용

모든 문항에 대한 해석, 해설을 통해 혼자서도 충분히 학습할 수 있어요.
친절한 해설을 통해 정답을 찾는 방법을 학습할 수 있습니다.

CONTENTS

책속책 | STUDY BOOK (문항별 문법 포인트 정리)

"

Success is the sum of

small efforts,

repeated day in and day out.

"

NELT
Neungyule English Level Test
문법 실전 모의고사

01

다음 중 빈칸에 알맞은 것을 고르시오.

> The story was _____.

① very
② really
③ greatly
④ funny
⑤ suddenly

02

다음 주어진 문장을 미래시제로 바꿀 때 빈칸에 들어갈 말을 고르시오.

> Alex meets his uncle.
> → Alex _____ his uncle.

① will meets
② met
③ meeting
④ be meet
⑤ is going to meet

03

다음 중 빈칸에 들어갈 수 <u>없는</u> 것을 고르시오.

> _____ is my sister.

① This
② That
③ These
④ She
⑤ The girl

04

다음 빈칸에 들어갈 말이 바르게 짝지어진 것을 고르시오.

> • Is this coat yours _____ Jane's?
> • I bought apples, oranges, _____ bananas.

① and – but
② but – and
③ but – or
④ or – and
⑤ or – but

05

다음 중 밑줄 친 cannot의 의미로 알맞은 것을 고르시오.

> We cannot find your bag.

① ~않을지도 모른다
② ~해서는 안 된다
③ ~하지 않아야 한다
④ ~할 필요가 없다
⑤ ~할 수 없다

06

다음 중 빈칸에 the[The]를 쓸 수 없는 것을 고르시오.

① Open _____ window, please.
② _____ man in the photo is Dan.
③ _____ picture on the wall is great.
④ There are many stars in _____ sky.
⑤ Lisa eats bananas for _____ breakfast.

07

다음 대화의 빈칸에 알맞은 말을 고르시오.

> A: _____
> B: It was great.

① What is his name?
② When does the bank open?
③ Why are you sad?
④ How was your weekend?
⑤ Where did you study yesterday?

08

다음 문장의 의미가 나머지와 다른 것을 고르시오.

① Let's order pizza for lunch.
② Shall we order pizza for lunch?
③ What about ordering pizza for lunch?
④ Why didn't we order pizza for lunch?
⑤ How about ordering pizza for lunch?

09

다음 중 어법상 옳은 것의 개수를 고르시오.

> a. I feel hungry.
> b. You look happily.
> c. His pictures look strangely.
> d. They feel sleepy.

① 0개　② 1개　③ 2개　④ 3개　⑤ 4개

11

다음 중 밑줄 친 부분이 어법상 틀린 것을 고르시오.

① <u>Do</u> the dishes.
② <u>Read</u> this book.
③ <u>Please take</u> a break.
④ <u>Stop</u> at the red lights.
⑤ <u>Not play</u> computer games.

10

다음 빈칸에 들어갈 말이 바르게 짝지어진 것을 고르시오.

> • We talked about many things _____ dinner.
> • A vase is _____ the cups.

① in – at
② on – on
③ in front of – during
④ during – behind
⑤ under – next to

12

다음 빈칸에 공통으로 들어갈 말을 고르시오.

> • Give me a _____ of cake.
> • There is a _____ of paper on the desk.

① slice　　　② cup
③ piece　　　④ glass
⑤ bottle

13

다음 중 밑줄 친 부분이 어법상 **틀린** 것을 고르시오.

① Tony <u>had</u> a nice toy car.
② She <u>telled</u> a funny story.
③ He <u>put</u> his key on the table.
④ We <u>saw</u> Mr. Smith yesterday.
⑤ They <u>planned</u> a Halloween party.

14

다음 우리말을 영어로 바르게 옮긴 것을 고르시오.

Edward와 Dean은 형제인가요?

① Am Edward and Dean brothers?
② Is Edward and Dean brothers?
③ Are Edward and Dean brothers?
④ Isn't Edward and Dean brothers?
⑤ Aren't Edward and Dean brothers?

15

다음 빈칸에 들어갈 말이 바르게 짝지어진 것을 고르시오.

• There _____ a spoon on the table.
• There _____ trees in the garden.

① am – was
② is – was
③ is – were
④ are – was
⑤ are – were

16

다음 우리말과 일치하도록 주어진 단어를 바르게 배열하시오.

나는 아빠와 낚시하는 것을 좋아한다.
(go, my dad, with, fishing)

정답 I like to _____

_____.

17

다음 중 잘못된 부분을 찾아 바르게 고쳐 쓰시오. (현재시제로 쓸 것)

My son brush his teeth by himself.

정답 _____ ➡ _____

18

다음 우리말과 일치하도록 빈칸에 알맞은 말을 쓰시오.

그 신사는 그의 삼촌이다.
The gentleman is _____ uncle.

정답 _____

19

다음 주어진 문장을 부정문으로 바꿔 쓰시오. (3단어로 쓸 것)

They are middle school students.

정답 _____ middle
school students.

20

다음 우리말과 일치하도록 괄호 안에서 알맞은 말을 골라 쓰시오.

물은 100°C에서 끓는다.
Water (boils / boiling) at 100°C.

정답 _____

	문법 실전 모의고사 1회	O / X / △
1	형용사와 부사의 쓰임을 구분할 수 있는가?	O / X / △
2	미래시제를 알맞은 형태로 쓸 수 있는가?	O / X / △
3	지시대명사와 인칭대명사의 쓰임을 이해하고 있는가?	O / X / △
4	다양한 등위접속사의 의미와 쓰임을 파악하고 있는가?	O / X / △
5	조동사의 부정형의 의미를 이해하고 있는가?	O / X / △
6	정관사 the의 쓰임을 파악하고 있는가?	O / X / △
7	다양한 의문사가 쓰인 의문문의 의미를 이해하고 있는가?	O / X / △
8	제안문의 형태를 파악하고 있는가?	O / X / △
9	2형식 문장 「감각동사+형용사」의 형태를 파악하고 있는가?	O / X / △
10	시간과 장소를 나타내는 전치사의 의미와 쓰임을 파악하고 있는가?	O / X / △
11	명령문의 형태를 파악하고 있는가?	O / X / △
12	셀 수 없는 명사의 수량 표현을 파악하고 있는가?	O / X / △
13	일반동사 과거형의 형태를 파악하고 있는가?	O / X / △
14	be동사의 현재시제 의문문을 이해하고 있는가?	O / X / △
15	「There+be동사」 구문의 형태를 이해하고 있는가?	O / X / △
16	동명사의 관용 표현 「go+v-ing」를 바르게 쓸 수 있는가?	O / X / △
17	일반동사의 현재형을 바르게 쓸 수 있는가?	O / X / △
18	인칭대명사를 알맞은 격의 형태로 쓸 수 있는가?	O / X / △
19	be동사의 부정문을 바르게 쓸 수 있는가?	O / X / △
20	현재시제의 쓰임을 이해하고 있는가?	O / X / △

| 시험일 | 월 | 일 | 소요시간 | | 분 | 채점 | /20개 |

01

다음 빈칸에 들어갈 말이 바르게 짝지어진 것을 고르시오.

> • I don't know _____ movie actors.
> • They bought _____ books.
> • We have _____ problems.

① some – some – many
② some – any – much
③ any – some – many
④ any – some – much
⑤ any – any – much

02

다음 대화의 빈칸에 알맞은 것을 고르시오.

> A: Hello?
> B: Hi, this is Mike. Are you at school now?
> A: Yes, _____.

① I am
② I'm
③ I'm not
④ You are
⑤ You're

03

다음 중 빈칸에 알맞은 것을 고르시오.

> A man _____ on the boat now.

① am
② are
③ is
④ was
⑤ were

04

다음 중 대화가 자연스럽지 <u>않은</u> 것을 고르시오.

① A: How much is this bicycle?
  B: It's $200.
② A: How often does your club meet?
  B: Once a week.
③ A: How long is the bridge?
  B: It's fifty years old.
④ A: How tall is the tower?
  B: It's ten meters tall.
⑤ A: How old are you?
  B: I'm thirteen.

05

다음 중 밑줄 친 부분이 어법상 틀린 것을 고르시오.

① We need a salt.

② He is from Paris.

③ Peter has four watches.

④ There is a bike near the door.

⑤ Mom drinks a cup of tea at night.

06

다음 중 밑줄 친 부분의 쓰임이 나머지와 다른 것을 고르시오.

① We are going to move this weekend.

② He is going to join the baseball team.

③ She is going to the park now.

④ I'm going to finish my homework this afternoon.

⑤ They're going to arrive at 7 p.m.

07

다음 중 밑줄 친 부분이 어법상 옳은 것을 고르시오.

① The movie will start on 3:30.

② She watched TV before dinner.

③ My dad slept for the musical.

④ Do you have time at the evening?

⑤ He took a shower on 30 minutes.

08

다음 중 빈칸에 not을 쓸 수 없는 것을 고르시오.

① She may _____ join our club.

② You must _____ open the door.

③ We have to _____ take the taxi.

④ They are _____ able to help you.

⑤ I can _____ cook potato soup.

09

다음 중 명사의 복수형으로 옳은 것의 개수를 고르시오.

mouses	deer	foots
bodys	subways	memos
children	mans	benchs

① 1개　　② 2개　　③ 3개　　④ 4개　　⑤ 5개

10

다음 중 밑줄 친 부분이 어법상 **틀린** 것을 고르시오.

Class Rules

① <u>Be</u> quiet during class.

② <u>Don't run</u> in the classroom.

③ <u>Nice</u> to your friends.

④ <u>Bring</u> your textbooks every day.

⑤ <u>Do not use</u> your cell phone.

11

다음 빈칸에 들어갈 말이 바르게 짝지어진 것을 고르시오.

• We _____ a break soon.

• I _____ a computer yesterday.

① took – buy

② took – bought

③ will take – buy

④ will take – bought

⑤ will take – will buy

12

다음 중 빈칸에 알맞은 것을 고르시오.

I know _____ boys.

① these young two

② two young these

③ young two these

④ two these young

⑤ these two young

13

다음 중 밑줄 친 부분의 쓰임이 나머지와 <u>다른</u> 것을 고르시오.

① <u>It</u>'s Wednesday.
② <u>It</u>'s a wonderful day.
③ <u>It</u>'s a letter for you.
④ <u>It</u>'s 7:30 now.
⑤ <u>It</u>'s 4 miles to the downtown.

14

다음 중 빈칸에 알맞은 것을 고르시오.

| It snowed _____ in New York today. |

① heavy
② heavier
③ heaviest
④ heavily
⑤ with heavy

15

다음 우리말을 영어로 바르게 옮긴 것을 고르시오.

| 해는 동쪽에서 뜬다. |

① The sun rises in the east.
② The sun is rising in the east.
③ The sun rose in the east.
④ The sun will rise in the east.
⑤ The sun is going to rise in the east.

16

다음 우리말과 일치하도록 주어진 말을 활용하여 문장을 완성하시오. (3단어로 쓸 것)

| 우리는 내일 학교에 갈 필요가 없다. (have to) |

정답 We _____ go to school tomorrow.

17

다음 우리말과 일치하도록 주어진 단어를 바르게 배열하시오.

그의 직업은 무엇이니?
(his, what, is, job)

정답 _____ ?

18

다음 우리말과 일치하도록 주어진 단어를 활용하여 문장을 완성하시오. (3단어로 쓸 것)

너는 매주 일요일마다 등산하러 가니?
(go v-ing, hike)

정답 Do _____ every
Sunday?

19

다음 우리말과 일치하도록 보기 에서 알맞은 접속사를 골라 쓰시오.

보기 after   before   when   because

비가 올 때, 나는 집에서 TV를 본다.

정답 _____ it is raining, I watch
TV at home.

20

다음 문장의 밑줄 친 부분을 바르게 고쳐 쓰시오.

Tiffany <u>is</u> late for the class yesterday.

정답 _____

NELT
문항별 출제 포인트 *point*

문법 실전 모의고사 2회		O / X / △
1	수량형용사의 쓰임을 이해하고 있는가?	O / X / △
2	be동사의 의문문의 형태를 파악하고 있는가?	O / X / △
3	be동사를 인칭과 시제에 맞게 쓸 수 있는가?	O / X / △
4	「How+형용사[부사]」로 시작하는 의문문의 의미를 파악하고 있는가?	O / X / △
5	셀 수 있는 명사와 셀 수 없는 명사의 수를 알맞게 쓸 수 있는가?	O / X / △
6	미래를 나타내는 be going to와 현재진행형을 구분할 수 있는가?	O / X / △
7	시간을 나타내는 전치사의 쓰임을 파악하고 있는가?	O / X / △
8	조동사의 부정형을 알맞은 형태로 쓸 수 있는가?	O / X / △
9	셀 수 있는 명사의 복수형의 형태를 파악하고 있는가?	O / X / △
10	명령문의 형태를 파악하고 있는가?	O / X / △
11	문장의 시제를 파악하여 바르게 쓸 수 있는가?	O / X / △
12	여러 개의 형용사를 어순에 맞게 쓸 수 있는가?	O / X / △
13	비인칭주어 it과 인칭대명사 it을 구분할 수 있는가?	O / X / △
14	부사의 쓰임과 형태를 파악하고 있는가?	O / X / △
15	현재시제의 쓰임을 파악하고 있는가?	O / X / △
16	조동사 have to의 부정형을 알맞은 형태로 쓸 수 있는가?	O / X / △
17	be동사가 있는 의문문을 알맞은 형태로 쓸 수 있는가?	O / X / △
18	동명사의 관용 표현 「go+v-ing」를 알맞은 형태로 쓸 수 있는가?	O / X / △
19	다양한 접속사의 의미를 알고 있는가?	O / X / △
20	be동사의 과거형을 바르게 쓸 수 있는가?	O / X / △

| 시험일 | 월 | 일 | 소요시간 | 분 | 채점 | /20개 |

01

다음 중 보기의 밑줄 친 부분과 쓰임이 같은 것을 고르시오.

> 보기 My mom works five days <u>a</u> week.

① David has <u>a</u> sister.
② I went to <u>a</u> post office.
③ Jane is <u>a</u> science teacher.
④ There is <u>an</u> orange in the bag.
⑤ They play tennis twice <u>a</u> month.

02

다음 중 대화가 자연스럽지 <u>않은</u> 것을 고르시오.

① A: May I talk to Shawn?
  B: Yes, I may.
② A: Can you turn off the light?
  B: Sure.
③ A: Can I ask a question?
  B: Of course.
④ A: May I change my seat?
  B: I'm afraid not.
⑤ A: Can you write your name in Chinese?
  B: Yes, I can. It's easy.

03

다음 밑줄 친 this[This]의 쓰임이 나머지와 <u>다른</u> 것을 고르시오.

① Will you buy <u>this</u> necklace?
② I didn't find the book in <u>this</u> library.
③ My son visited <u>this</u> toy store before.
④ Is <u>this</u> a present for your brother?
⑤ <u>This</u> room is my favorite place in my house.

04

다음 밑줄 친 부분을 대신할 수 있는 대명사가 <u>아닌</u> 것을 고르시오.

① I love <u>my sister's</u> presents.
    → her
② Angela helps <u>Danny</u> with his homework.
    → him
③ This idea is <u>Jim and Pam's</u>.
    → theirs
④ <u>Our friends</u> are very kind.
  → We
⑤ <u>You and Ron</u> are the best dancers.
  → You

05

다음 빈칸에 들어갈 말이 바르게 짝지어진 것을 고르시오.

A: _____ are you so happy?
B: _____ my exams are over.

① Who – When
② What – Because
③ Where – When
④ Why – Because
⑤ How – Before

06

다음 중 어법상 옳은 것의 개수를 고르시오.

a. It sounds greatly.
b. I feel tired now.
c. The weather today looks cold.
d. They feel happily every day.

① 0개   ② 1개   ③ 2개   ④ 3개   ⑤ 4개

07

다음 우리말을 영어로 바르게 옮긴 것을 고르시오.

저 개들이 나의 애완동물들이다.

① These dogs are my pets.
② These dogs are me pets.
③ Those dogs are my pets.
④ Those dogs are me pets.
⑤ Those dogs are mine pets.

08

다음 중 빈칸에 알맞은 것을 고르시오.

Cindy _____ history.

① study   ② studies
③ don't study   ④ don't studies
⑤ doesn't studies

09

다음 중 밑줄 친 부분의 성격이 나머지와 다른 것을 고르시오.

① You did the job well.
② Amy is very lonely.
③ She came home early.
④ I passed the test easily.
⑤ The kangaroos jump high.

11

다음 중 밑줄 친 부분의 우리말 의미가 알맞지 않은 것을 고르시오.

① I must read the books.
　~해야 한다
② You may sit down now.
　~임에 틀림없다
③ You can watch TV after dinner.
　~해도 좋다
④ She can make a strawberry cake.
　~할 수 있다
⑤ We should check the tour schedule.
　~하는 것이 좋다

10

다음 중 어법상 틀린 것을 고르시오.

① The cat is on my bed now.
② She is at work yesterday.
③ The kids are in the pool now.
④ We were classmates last year.
⑤ Brian was late for school this morning.

12

다음 중 밑줄 친 부분이 어법상 옳은 것을 고르시오.

① I play piano a in music class.
② I play a piano in music class.
③ I play an piano in music class.
④ I play piano the in music class.
⑤ I play the piano in music class.

13

다음 빈칸에 들어갈 말이 바르게 짝지어진 것을 고르시오.

• He will see a doctor _____ Monday.
• We'll travel in Spain _____ two weeks.

① at – during   ② at – for
③ on – during   ④ on – for
⑤ in – for

14

다음 중 보기 의 밑줄 친 부분과 쓰임이 같은 것을 고르시오.

보기 It is my mistake.

① It is rainy.
② It is Susan's cat.
③ It is Christmas today.
④ It looks dark outside.
⑤ It is about 500 meters to school.

15

다음 중 빈칸에 알맞은 것을 고르시오.

Lisa and I _____ flowers now.

① draws
② drew
③ drawing
④ am drawing
⑤ are drawing

16

다음 중 잘못된 부분을 찾아 바르게 고쳐 쓰시오.

Dad will go fish with me tomorrow.

정답 _____ ➔ _____

17

다음 주어진 문장을 의문문으로 바꿔 쓰시오.

He walks his dog in the park.

정답 _____

in the park?

18

다음 우리말과 일치하도록 주어진 단어를 바르게 배열하시오.

모든 아이들은 사랑이 필요하다
(need, children, all, love)

정답 _____

19

다음 우리말과 일치하도록 주어진 단어를 활용하여 빈칸에 알맞은 말을 쓰시오.

거북이는 상어보다 더 오래 산다. (long)
→ Turtles live _____ than sharks.

정답 _____

20

다음 우리말과 일치하도록 주어진 단어를 바르게 배열하시오.

나는 가수가 될 것이다.
(will, a singer, I, be)

정답 _____

	문법 실전 모의고사 3회	O / X / △
1	부정관사 a[an]의 쓰임을 파악하고 있는가?	O / X / △
2	조동사 may와 can의 의문문에 알맞게 대답할 수 있는가?	O / X / △
3	지시형용사와 지시대명사를 구분할 수 있는가?	O / X / △
4	인칭대명사와 격을 파악하고 있는가?	O / X / △
5	의문사와 접속사의 의미를 이해하고 있는가?	O / X / △
6	「감각동사+형용사」의 2형식 문장을 파악하고 있는가?	O / X / △
7	지시형용사와 인칭대명사를 이해하고 있는가?	O / X / △
8	일반동사의 현재형을 이해하고 있는가?	O / X / △
9	형용사와 부사의 쓰임을 파악하고 있는가?	O / X / △
10	be동사의 현재형과 과거형을 파악하고 있는가?	O / X / △
11	조동사의 다양한 의미를 파악하고 있는가?	O / X / △
12	정관사 the의 쓰임을 이해하고 있는가?	O / X / △
13	시간을 나타내는 전치사의 의미를 이해하고 있는가?	O / X / △
14	인칭대명사 it과 비인칭주어 it을 구분할 수 있는가?	O / X / △
15	현재진행형의 쓰임을 파악하고 있는가?	O / X / △
16	동명사의 관용 표현 「go+v-ing」를 알맞은 형태로 쓸 수 있는가?	O / X / △
17	일반동사의 의문문을 알맞게 쓸 수 있는가?	O / X / △
18	부정대명사 all의 쓰임을 이해하고 있는가?	O / X / △
19	비교급을 알맞은 형태로 쓸 수 있는가?	O / X / △
20	조동사 will을 포함하는 문장을 알맞게 쓸 수 있는가?	O / X / △

01

다음 중 어법상 옳은 것을 고르시오.

① This's not butter.
② He's room is large.
③ They help I a lot.
④ These glasses are mine.
⑤ That's my classmates.

03

다음 중 밑줄 친 부분이 어법상 **틀린** 것을 고르시오.

① I <u>am liking</u> sports.
② He <u>is cutting</u> the cake.
③ They <u>are singing</u> a song.
④ I <u>am listening</u> to the radio.
⑤ Minho <u>is lying</u> on the bed.

02

다음 두 문장이 같은 뜻이 되도록 빈칸에 들어갈 알맞은 말을 고르시오.

> What about visiting the museum tomorrow?
> = _____ about visiting the museum
>   tomorrow?

① When   ② Why
③ How   ④ Where
⑤ Who

04

다음 중 단어의 복수형이 바르게 짝지어지지 <u>않은</u> 것을 고르시오.

① day – days   ② bus – buses
③ man – men   ④ knife – knifes
⑤ pencil – pencils

05

다음 중 밑줄 친 부분이 어법상 틀린 것을 고르시오.

① I have a sister.
② I need a pencil case.
③ A world changes fast.
④ Joe lives in an apartment.
⑤ There is an airplane in the sky.

06

다음 중 대화에 어법상 틀린 부분이 있는 것을 고르시오.

① A: Is Susan in her room?
   B: Yes, she is.
② A: Are you Amy's brother?
   B: No, I'm not.
③ A: Is it warm now?
   B: Yes, it is.
④ A: Are you and Tim cousins?
   B: Yes, you are.
⑤ A: Are they with you?
   B: No, they aren't.

07

다음 대화의 빈칸에 들어갈 말이 바르게 짝지어진 것을 고르시오.

A: _____ you be free this afternoon?
B: Yes, I will. Why?
A: We _____ going to play basketball.
   Let's go together.

① Will – will   ② Are – are
③ Will – are   ④ Are – will
⑤ Do – are

08

다음 중 빈칸에 알맞은 것을 고르시오.

I want _____ to Africa.

① will travel   ② travels
③ traveled   ④ to travel
⑤ to traveling

09

다음 중 밑줄 친 부분의 쓰임이 나머지와 다른 것을 고르시오.

① He <u>may</u> be sleepy now.
② Stephen <u>may</u> be a genius.
③ This clock <u>may</u> not be right.
④ They <u>may</u> not be busy tonight.
⑤ You <u>may</u> park your car here.

11

다음 문장을 부정 명령문으로 알맞게 고친 것을 고르시오.

> You say bad words in the classroom.

① Say bad words in the classroom.
② No say bad words in the classroom.
③ Don't say bad words in the classroom.
④ Don't saying bad words in the classroom.
⑤ You didn't say bad words in the classroom.

10

다음 각 네모 안에서 어법상 알맞은 것끼리 바르게 짝지어진 것을 고르시오.

> • There is / are many kids in the playground.
> • There was / were not a key on the table.
> • They was / were my close friends.

① is – was – was
② is – were – were
③ are – was – was
④ are – was – were
⑤ are – were – were

12

다음 중 밑줄 친 부분이 어법상 틀린 것을 고르시오.

① Your cat is <u>smaller</u> than mine.
② The subway is <u>slower</u> than that train.
③ This box is <u>heavyer</u> than that one.
④ This room is <u>larger</u> than that room.
⑤ The ocean is <u>deeper</u> than the lake.

13

다음 중 밑줄 친 부분이 부사로 쓰인 것을 고르시오.

① Look at the <u>lovely</u> baby!
② I <u>slowly</u> baked some cookies.
③ Do you want to be <u>healthy</u>?
④ Those <u>big</u> birds cannot fly.
⑤ His magic was <u>perfect</u>.

14

다음 중 빈칸에 들어갈 수 <u>없는</u> 것을 고르시오.

_____ goes to a movie every weekend.

① He
② Chris
③ My mother
④ The girl
⑤ The children

15

다음 중 동사의 과거형이 바르게 짝지어지지 <u>않은</u> 것을 고르시오.

① see – saw
② read – read
③ like – liked
④ meet – meeted
⑤ plan – planned

16

다음 주어진 문장을 의문문으로 바꿔 쓰시오.

Jaden plays the violin.

정답 _____

17

다음 중 <u>잘못된</u> 부분을 찾아 바르게 고쳐 쓰시오.

How about buy bicycles?

정답 _____ → _____

18

다음 우리말과 일치하도록 주어진 단어를 바르게 배열하시오.

Tim은 그의 반 친구이다.
(is, Tim, classmate, his)

정답 _____

19

다음 우리말과 일치하도록 주어진 단어를 활용하여 영작하시오.
(5단어로 쓸 것)

A: 너는 언제 점심을 먹니? (when, do, eat lunch)
B: I eat lunch at noon.

정답 _____

20

다음 주어진 문장을 부정문으로 바꿔 쓰시오. (5단어로 쓸 것)

There is a bird in the cage.

정답 _____

in the cage.

NELT
문항별 출제 포인트 *point*

문법 실전 모의고사 4회	O/X/△
1 지시대명사, 지시형용사, 인칭대명사의 쓰임을 파악하고 있는가?	O/X/△
2 제안문의 형태를 파악하고 있는가?	O/X/△
3 현재진행형의 형태와 진행형으로 쓰지 않는 동사를 파악하고 있는가?	O/X/△
4 셀 수 있는 명사의 복수형을 이해하고 있는가?	O/X/△
5 부정관사 a[an]와 정관사 the의 쓰임을 이해하고 있는가?	O/X/△
6 be동사 현재형의 의문문에 알맞게 대답할 수 있는가?	O/X/△
7 미래시제의 형태를 이해하고 있는가?	O/X/△
8 want to 구문을 파악하고 있는가?	O/X/△
9 조동사 may의 쓰임을 구분할 수 있는가?	O/X/△
10 「There+be동사」 구문과 be동사의 과거형을 파악하고 있는가?	O/X/△
11 부정 명령문의 형태를 파악하고 있는가?	O/X/△
12 비교급의 형태를 이해하고 있는가?	O/X/△
13 부사의 쓰임을 이해하고 있는가?	O/X/△
14 주어에 따른 일반동사 현재형의 형태 변화를 이해하고 있는가?	O/X/△
15 일반동사의 과거형의 형태를 파악하고 있는가?	O/X/△
16 일반동사의 의문문을 알맞은 형태로 쓸 수 있는가?	O/X/△
17 제안문을 알맞은 형태로 쓸 수 있는가?	O/X/△
18 인칭대명사를 알맞은 격의 형태로 쓸 수 있는가?	O/X/△
19 의문사가 있는 의문문을 바르게 쓸 수 있는가?	O/X/△
20 「There+be동사」 구문을 부정문으로 바르게 쓸 수 있는가?	O/X/△

01

다음 중 밑줄 친 부분이 어법상 옳은 것을 고르시오.

① She <u>not may like</u> my gift.
② Dan <u>has to clean</u> his room.
③ They <u>cannot played</u> the violins.
④ They <u>must keeping</u> the game rules.
⑤ You <u>should eat not</u> too much ice cream.

02

다음 빈칸에 들어갈 말이 바르게 짝지어진 것을 고르시오.

• The concert ticket is _____.
• _____ shoes are big for me.

① its – This
② your – This
③ your – These
④ yours – That
⑤ yours – These

03

다음 중 원급과 비교급의 형태가 잘못 짝지어진 것을 고르시오.

① hot – hotter
② fast – faster
③ happy – happier
④ old – oldder
⑤ tall – taller

04

다음 중 빈칸에 알맞은 것을 고르시오.

We have a school festival _____ June 12.

① in
② at
③ on
④ for
⑤ during

05

다음 중 괄호 안의 말이 들어갈 위치를 고르시오.

① We ② have ③ a ④ menu ⑤ for dinner. (new)

07

다음 문장을 현재진행형으로 바르게 옮긴 것을 고르시오.

Melissa plays the flute.

① Melissa is play the flute.
② Melissa playing the flute.
③ Melissa is playing the flute.
④ Melissa will play the flute.
⑤ Melissa does play the flute.

06

다음 중 밑줄 친 부분이 어법상 틀린 것을 고르시오.

① The store opened yesterday.
② He went to Mexico last year.
③ I run in the park two hours ago.
④ Lisa watched TV in the afternoon.
⑤ We played soccer last weekend.

08

다음 중 어법상 옳은 것을 고르시오.

① You will gets well soon.
② They are coming not here now.
③ Dad is going to read the book soon.
④ We are go to play baseball tomorrow.
⑤ Noah is going buy a new skateboard.

09

다음 우리말을 영어로 바르게 옮긴 것을 고르시오.

> 제가 날짜를 변경해야 하나요?

① Can I change the date?
② May I change the date?
③ Should I change the date?
④ Am I able to change the date?
⑤ Must I not change the date?

10

다음 빈칸에 공통으로 들어갈 말을 고르시오.

> • I put coins _____ my pocket.
> • My uncle lives _____ LA.

① at
② in
③ for
④ on
⑤ under

11

다음 중 어법상 틀린 것을 고르시오.

① Have a seat.
② Be an honest person.
③ Don't jump into the pool.
④ Please stand up.
⑤ Not be rude to your parents.

12

다음 중 어법상 틀린 것을 고르시오.

① It is her smartphone.
② That is 12:00 p.m.
③ These are new sunglasses.
④ Those are my watches.
⑤ It is from Singapore.

13

다음 보기 처럼 바꿔 쓴 것 중 어법상 틀린 것을 고르시오.

> 보기 It is your bicycle. → It is yours.

① This is his pencil case. → This is his.
② These are Amy's pants. → These are hers.
③ Those are my textbooks. → Those are mine.
④ Those are our pictures. → Those are us.
⑤ People like your music. → People like yours.

14

다음 중 빈칸에 do[Do]를 쓸 수 없는 것을 고르시오.

① I _____ not lie to you.
② _____ you like black tea?
③ We _____ not talk in class.
④ _____ Sue and Ian study English?
⑤ _____ she stay home on weekends?

15

다음 대화의 빈칸에 알맞은 말을 고르시오.

> A: I made _____ food for the party.
> B: Let's invite more people, then.

① any   ② many
③ few   ④ a lot of
⑤ little

16

다음 우리말과 일치하도록 보기 에서 알맞은 형용사를 골라 문장을 완성하시오.

> 보기 small   warm   soft   kind

> 그녀는 엄마의 따뜻한 손을 잡았다.
> → She took her mother's _____ hands.

정답 _____

17

다음 우리말과 일치하도록 주어진 단어를 활용하여 문장을 완성하시오. (2단어로 쓸 것)

> 열 명의 학생들이 농구를 한다. (student)
> → _____ play basketball.

정답 _____

18

다음 문장의 밑줄 친 부분을 바르게 고쳐 쓰시오. (과거형으로 쓸 것)

> Tina and Sera <u>was</u> in the classroom.

정답 _____

19

다음 중 잘못된 부분을 찾아 바르게 고쳐 쓰시오.

> Every child have his or her own locker.

정답 _____ → _____

20

다음 우리말과 일치하도록 주어진 단어를 바르게 배열하시오.

> 나는 프랑스어 배우는 것을 좋아한다.
> (learn, I, to, French, like)

정답 _____

문법 실전 모의고사 5회		O / X / △
1	조동사의 형태와 쓰임을 이해하고 있는가?	O / X / △
2	인칭대명사와 지시형용사의 쓰임을 파악하고 있는가?	O / X / △
3	비교급의 형태를 이해하고 있는가?	O / X / △
4	시간을 나타내는 전치사의 쓰임을 파악하고 있는가?	O / X / △
5	형용사의 쓰임과 알맞은 위치를 이해하고 있는가?	O / X / △
6	일반동사의 과거형의 형태를 파악하고 있는가?	O / X / △
7	현재진행형을 알맞은 형태로 쓸 수 있는가?	O / X / △
8	미래시제와 현재진행형의 부정형을 파악하고 있는가?	O / X / △
9	조동사의 의미와 의문문의 형태를 이해하고 있는가?	O / X / △
10	장소를 나타내는 전치사의 쓰임을 파악하고 있는가?	O / X / △
11	명령문의 형태를 이해하고 있는가?	O / X / △
12	인칭대명사, 비인칭주어 it, 지시대명사의 쓰임을 이해하고 있는가?	O / X / △
13	소유대명사의 형태와 쓰임을 파악하고 있는가?	O / X / △
14	일반동사의 부정문과 의문문의 형태를 파악하고 있는가?	O / X / △
15	수량형용사의 쓰임을 이해하고 있는가?	O / X / △
16	다양한 형용사의 의미를 파악하고 있는가?	O / X / △
17	셀 수 있는 명사의 복수형을 알맞은 형태로 쓸 수 있는가?	O / X / △
18	be동사의 과거형을 알맞은 형태로 쓸 수 있는가?	O / X / △
19	부정대명사 every의 쓰임을 이해하고 있는가?	O / X / △
20	like to 구문을 알맞은 형태로 쓸 수 있는가?	O / X / △

01

다음 중 빈칸에 알맞은 것을 고르시오.

> _____ are my best friends.

① I   ② We
③ She   ④ They
⑤ Their

02

다음 보기의 밑줄 친 can의 의미로 알맞은 것을 고르시오.

> 보기 He can play the piano.

① ~할 수 있다
② ~임에 틀림없다
③ ~해야 한다
④ ~일지도 모른다
⑤ ~하곤 했다

03

다음 중 밑줄 친 부분을 줄여 쓸 수 없는 것을 고르시오.

① It is not cheap.
② You are not alone.
③ I am not happy now.
④ This soup was not delicious.
⑤ They were not in the hospital.

04

다음 중 빈칸에 들어갈 수 없는 것을 고르시오.

> I have a _____.

① book   ② pencil
③ bag   ④ water
⑤ banana

05

다음 중 어법상 옳은 것을 고르시오.

① Do you cold?
② Does he okay now?
③ They're my friends.
④ He don't do his homework.
⑤ Max and Betty doesn't eat meat.

06

다음 중 밑줄 친 부분의 우리말 의미가 알맞지 <u>않은</u> 것을 고르시오.

① They are playing tennis <u>at school</u>.
= 학교에서
② A bicycle is <u>under a window</u>.
= 창문 아래에
③ There are balls <u>in a box</u>.
= 상자 안에
④ A cat was <u>behind Lina's bag</u>.
= Lina의 가방 앞에
⑤ Henry's bottle is <u>on a bench</u>.
= 벤치 위에

07

다음 중 빈칸에 many[Many]를 쓸 수 <u>없는</u> 것을 고르시오.

① There are _____ people on the street.
② I have _____ friends.
③ He has _____ fans around the world.
④ I had too _____ homework.
⑤ The students saw _____ paintings.

08

다음 빈칸에 How를 쓸 수 <u>없는</u> 것을 고르시오.

① _____ is your school life?
② _____ can I fix the computer?
③ _____ is your teacher's name?
④ _____ do you go to work?
⑤ _____ are you feeling today?

09

다음 중 어법상 옳은 것의 개수를 고르시오.

> a. I am listening to music.
> b. She is carrying not a bag.
> c. The men are not wearing helmets.
> d. My sister is wait for me.

① 0개   ② 1개   ③ 2개   ④ 3개   ⑤ 4개

10

다음 빈칸에 공통으로 들어갈 말을 고르시오.

> • It _____ going to rain tonight.
> • _____ she studying Chinese?

① be[Be]
② is[Is]
③ will[Will]
④ does[Does]
⑤ did[Did]

11

다음 빈칸에 들어갈 말이 나머지와 <u>다른</u> 것을 고르시오.

① I like _____ exercise.
② Paul wants _____ have a dog.
③ Bill is going _____ school.
④ Your jacket is next _____ the TV.
⑤ Chris put the TV in front _____ the sofa.

12

다음 중 밑줄 친 부분이 어법상 <u>틀린</u> 것을 고르시오.

① I arrived in Busan <u>in</u> noon.
② We watched a movie <u>after</u> lunch.
③ We don't go to school <u>on</u> Children's day.
④ We will go back home <u>at</u> night.
⑤ He came to Korea <u>in</u> July.

13

다음 빈칸에 공통으로 들어갈 말을 고르시오.

> • I am tired _____ happy.
> • We played well, _____ we lost the game.

① but
② so
③ before
④ after
⑤ because

14

다음 중 빈칸에 들어갈 수 <u>없는</u> 것을 고르시오.

> She's wearing a _____ skirt.

① long
② pretty
③ lovely
④ nicely
⑤ strange

15

다음 우리말을 영어로 바르게 옮긴 것을 고르시오.

> 그는 저녁에 바나나 한 개를 먹는다.

① He eats bananas in evening.
② He eats the banana in the evening.
③ He eats a banana in the evening.
④ He eats the banana in an evening.
⑤ He eats a banana in an evening.

16

다음 우리말과 일치하도록 주어진 단어를 활용하여 문장을 완성하시오. (1단어로 쓸 것)

> 이 티셔츠는 저것보다 더 짧다. (short)
>
> → This T-shirt is _____ than that one.

정답 _____

17

다음 우리말과 일치하도록 주어진 단어를 활용하여 문장을 완성하시오. (2단어로 쓸 것)

> 그 강아지는 귀여워 보인다. (cute, look)
>
> → The puppy _____ .

정답 _____

18

다음 중 <u>잘못된</u> 부분을 찾아 바르게 고쳐 쓰시오. (1단어로 쓸 것)

> A: Were the staff members kind?
> B: No, they didn't.

정답 _____ → _____

19

다음 주어진 문장을 괄호 안의 지시대로 바꿔 쓰시오. (5단어로 쓸 것)

> We are going to the movies tonight.
> (Let's 제안문으로)

정답 _____ tonight.

20

다음 우리말과 일치하도록 주어진 단어를 바르게 배열하시오.

> 그는 동물원에 갈 것이다.
> (he, go, going, is, to)

정답 _____ to the zoo.

문법 실전 모의고사 6회	O/X/△
1	인칭대명사를 알맞은 격의 형태로 쓸 수 있는가?	O/X/△
2	조동사 can의 의미를 구분할 수 있는가?	O/X/△
3	「be동사+not」을 바르게 줄여 쓸 수 있는가?	O/X/△
4	셀 수 없는 명사와 셀 수 있는 명사를 구분할 수 있는가?	O/X/△
5	be동사의 의문문, 인칭대명사와 be동사의 형태, 일반동사 현재형의 부정문을 파악하고 있는가?	O/X/△
6	장소를 나타내는 전치사의 의미와 쓰임을 이해하고 있는가?	O/X/△
7	수를 나타내는 형용사 many의 쓰임을 파악하고 있는가?	O/X/△
8	의문사 how의 쓰임을 구분할 수 있는가?	O/X/△
9	현재진행형의 형태와 부정문을 파악하고 있는가?	O/X/△
10	미래시제 be going to와 현재진행형 의문문의 형태를 파악하고 있는가?	O/X/△
11	want to, like to 구문과 전치사 in front of의 쓰임을 이해하고 있는가?	O/X/△
12	시간을 나타내는 전치사의 의미를 이해하고 있는가?	O/X/△
13	접속사 but의 의미를 이해하고 있는가?	O/X/△
14	명사를 수식하는 형용사의 쓰임을 이해하고 있는가?	O/X/△
15	부정관사 a[an]와 정관사 the의 쓰임을 이해하고 있는가?	O/X/△
16	비교급을 알맞은 형태로 쓸 수 있는가?	O/X/△
17	감각동사가 있는 2형식 문장을 알맞은 형태로 쓸 수 있는가?	O/X/△
18	be동사 과거형의 의문문을 파악하고 있는가?	O/X/△
19	Let's로 시작하는 제안문을 바르게 쓸 수 있는가?	O/X/△
20	be going to를 활용하여 미래시제를 쓸 수 있는가?	O/X/△

NELT

Neungyule English Level Test

문법 복습 모의고사

01

다음 중 대화가 자연스럽지 않은 것을 고르시오.

① A: How much is this bicycle?
   B: It's $200.
② A: How often does your club meet?
   B: Once a week.
③ A: How long is the bridge?
   B: It's fifty years old.
④ A: How tall is the tower?
   B: It's ten meters tall.
⑤ A: How old are you?
   B: I'm thirteen.

02

다음 중 빈칸에 알맞은 것을 고르시오.

| _____ are my best friends. |

① I
② We
③ She
④ They
⑤ Their

03

다음 중 어법상 옳은 것을 고르시오.

① This's not butter.
② He's room is large.
③ They help I a lot.
④ These glasses are mine.
⑤ That's my classmates.

04

다음 중 원급과 비교급의 형태가 잘못 짝지어진 것을 고르시오.

① hot – hotter
② fast – faster
③ happy – happier
④ old – oldder
⑤ tall – taller

05

다음 중 밑줄 친 부분이 어법상 **틀린** 것을 고르시오.

① I arrived in Busan <u>in</u> noon.
② We watched a movie <u>after</u> lunch.
③ We don't go to school <u>on</u> Children's day.
④ We will go back home <u>at</u> night.
⑤ He came to Korea <u>in</u> July.

07

다음 중 빈칸에 not을 쓸 수 **없는** 것을 고르시오.

① She may _____ join our club.
② You must _____ open the door.
③ We have to _____ take the taxi.
④ They are _____ able to help you.
⑤ I can _____ cook potato soup.

06

다음 빈칸에 들어갈 말이 바르게 짝지어진 것을 고르시오.

| A: _____ are you so happy? |
| B: _____ my exams are over. |

① Who – When
② What – Because
③ Where – When
④ Why – Because
⑤ How – Before

08

다음 우리말을 영어로 바르게 옮긴 것을 고르시오.

| 그는 저녁에 바나나 한 개를 먹는다. |

① He eats bananas in evening.
② He eats the banana in the evening.
③ He eats a banana in the evening.
④ He eats the banana in an evening.
⑤ He eats a banana in an evening.

09

다음 중 밑줄 친 부분의 우리말 의미가 알맞지 <u>않은</u> 것을 고르시오.

① They are playing tennis <u>at school</u>.
= 학교에서

② A bicycle is <u>under a window</u>.
= 창문 아래에

③ There are balls <u>in a box</u>.
= 상자 안에

④ A cat was <u>behind Lina's bag</u>.
= Lina의 가방 앞에

⑤ Henry's bottle is <u>on a bench</u>.
= 벤치 위에

10

다음 빈칸에 공통으로 들어갈 말을 고르시오.

| • I put coins _____ my pocket |
| • My uncle lives _____ LA. |

① at   ② in
③ for   ④ on
⑤ under

11

다음 중 명사의 복수형으로 옳은 것의 개수를 고르시오.

mouses	deer	foots
bodys	subways	memos
children	mans	beachs

① 1개   ② 2개   ③ 3개   ④ 4개   ⑤ 5개

12

다음 중 빈칸에 알맞은 것을 고르시오.

| Cindy _____ history. |

① study   ② studies
③ don't study   ④ don't studies
⑤ doesn't studies

13

다음 문장의 의미가 나머지와 <u>다른</u> 것을 고르시오.

① Let's order pizza for lunch.
② Shall we order pizza for lunch?
③ What about ordering pizza for lunch?
④ Why didn't we order pizza for lunch?
⑤ How about ordering pizza for lunch?

14

다음 중 밑줄 친 부분이 어법상 옳은 것을 고르시오.

① I <u>play piano a</u> in music class.
② I <u>play a piano</u> in music class.
③ I <u>play an piano</u> in music class.
④ I <u>play piano the</u> in music class.
⑤ I <u>play the piano</u> in music class.

15

다음 문장을 부정 명령문으로 알맞게 고친 것을 고르시오.

You say bad words in the classroom.

① Say bad words in the classroom.
② No say bad words in the classroom.
③ Don't say bad words in the classroom.
④ Don't saying bad words in the classroom.
⑤ You didn't say bad words in the classroom.

16

다음 우리말과 일치하도록 주어진 단어를 활용하여 문장을 완성하시오. (2단어로 쓸 것)

열 명의 학생들이 농구를 한다. (student)
→ _____ play basketball.

정답 _____

17

다음 중 <u>잘못된</u> 부분을 찾아 바르게 고쳐 쓰시오.

> Dad will go fish with me tomorrow.

정답 _____ → _____

18

다음 우리말과 일치하도록 괄호 안에서 알맞은 말을 골라 쓰시오.

> 물은 100°C에서 끓는다.
> Water (boils / boiling) at 100°C.

정답 _____

19

다음 우리말과 일치하도록 주어진 단어를 바르게 배열하시오.

> 그는 동물원에 갈 것이다.
> (he, go, going, is, to)

정답 _____ to the zoo.

20

다음 중 <u>잘못된</u> 부분을 찾아 바르게 고쳐 쓰시오.

> Every child have his or her own locker.

정답 _____ → _____

01

다음 중 밑줄 친 부분을 줄여 쓸 수 없는 것을 고르시오.

① It is not cheap.
② You are not alone.
③ I am not happy now.
④ This soup is not delicious.
⑤ They are not in the hospital.

02

다음 중 밑줄 친 부분이 어법상 틀린 것을 고르시오.

① We need a salt.
② He is from Paris.
③ Peter has four watches.
④ There is a bike near the door.
⑤ Mom drinks a cup of tea at night.

03

다음 중 단어의 복수형이 바르게 짝지어지지 않은 것을 고르시오.

① day – days
② bus – buses
③ man – men
④ knife – knifes
⑤ pencil – pencils

04

다음 중 빈칸에 들어갈 수 없는 것을 고르시오.

She's wearing a _____ skirt.

① long
② pretty
③ lovely
④ nicely
⑤ strange

05

다음 주어진 문장을 미래시제로 바꿀 때 빈칸에 들어갈 말을 고르시오.

Alex meets his uncle.
→ Alex _____ his uncle.

① will meets   ② met
③ meeting   ④ be meet
⑤ is going to meet

06

다음 중 밑줄 친 부분의 쓰임이 나머지와 다른 것을 고르시오.

① It's Wednesday.
② It's a wonderful day.
③ It's a letter for you.
④ It's 7:30 now.
⑤ It's 4 miles to the downtown.

07

다음 중 밑줄 친 부분이 어법상 틀린 것을 고르시오.

① I have a sister.
② I need a pencil case.
③ A world changes fast.
④ Joe lives in an apartment.
⑤ There is an airplane in the sky.

08

다음 중 밑줄 친 부분의 성격이 나머지와 다른 것을 고르시오.

① You did the job well.
② Amy is very lonely.
③ She came home early.
④ I passed the test easily.
⑤ The kangaroos jump high.

09

다음 중 빈칸에 알맞은 것을 고르시오.

> We have a school festival _____ June 12.

① in
② at
③ on
④ for
⑤ during

10

다음 밑줄 친 부분을 대신할 수 있는 대명사가 <u>아닌</u> 것을 고르시오.

① I love <u>my sister's</u> presents.
　　　　　→ her
② Angela helps <u>Danny</u> with his homework.
　　　　　→ him
③ This idea is <u>Jim and Pam's</u>.
　　　　　→ theirs
④ <u>Our friends</u> are very kind.
　　→ We
⑤ <u>You and Ron</u> are the best dancers.
　　→ You

11

다음 각 네모 안에서 어법상 알맞은 것끼리 바르게 짝지어진 것을 고르시오.

> - There │ is / are │ many kids in the playground.
> - There │ was / were │ not a key on the table.
> - They │ was / were │ my close friends.

① is – was – was
② is – were – were
③ are – was – was
④ are – was – were
⑤ are – were – were

12

다음 중 어법상 옳은 것의 개수를 고르시오.

> a. It sounds greatly.
> b. I feel tired now.
> c. The weather today looks cold.
> d. They feel happily every day.

① 0개　② 1개　③ 2개　④ 3개　⑤ 4개

13

다음 우리말을 영어로 바르게 옮긴 것을 고르시오.

> Edward와 Dean은 형제인가요?

① Am Edward and Dean brothers?
② Is Edward and Dean brothers?
③ Are Edward and Dean brothers?
④ Isn't Edward and Dean brothers?
⑤ Aren't Edward and Dean brothers?

14

다음 중 밑줄 친 부분이 어법상 틀린 것을 고르시오.

① I am liking sports.
② He is cutting the cake.
③ They are singing a song.
④ I am listening to the radio.
⑤ Minho is lying on the bed.

15

다음 빈칸에 공통으로 들어갈 말을 고르시오.

> • It _____ going to rain tonight.
> • _____ she studying Chinese?

① be[Be]
② is[Is]
③ will[Will]
④ does[Does]
⑤ did[Did]

16

다음 우리말과 일치하도록 주어진 단어를 활용하여 문장을 완성하시오. (2단어로 쓸 것)

> 그 강아지는 귀여워 보인다. (cute, look)
>
> → The puppy _____.

정답 _____

17

다음 우리말과 일치하도록 주어진 말을 활용하여 문장을 완성하시오. (3단어로 쓸 것)

> 우리는 내일 학교에 갈 필요가 없다. (have to)

정답 We _____ go to school tomorrow.

18

다음 중 <u>잘못된</u> 부분을 찾아 바르게 고쳐 쓰시오. (현재시제로 쓸 것)

> My son brush his teeth by himself.

정답 _____ → _____

19

다음 주어진 문장을 부정문으로 바꿔 쓰시오. (3단어로 쓸 것)

> They are middle school students.

정답 _____ middle school students.

20

다음 우리말과 일치하도록 주어진 단어를 활용하여 빈칸에 알맞은 말을 쓰시오.

> 거북이는 상어보다 더 오래 산다. (long)
> → Turtles live _____ than sharks.

정답 _____

지은이

NELT 평가연구소

NELT 평가연구소는 초중고생의 정확한 영어 실력 평가를 위해
우리나라 교육과정 기반의 평가 시스템 설계, 테스트 문항 개발,
성적 분석 등을 담당하는 NE능률의 평가 연구 조직입니다.

NELT 문법 실전 모의고사 〈LEVEL 3〉

펴 낸 이	주민홍
펴 낸 곳	서울특별시 마포구 월드컵북로 396(상암동) 누리꿈스퀘어 비즈니스타워 10층
	㈜NE능률 (우편번호 03925)
펴 낸 날	2024년 1월 5일 초판 제1쇄 발행
전 화	02 2014 7114
팩 스	02 3142 0356
홈 페 이 지	www.neungyule.com
등 록 번 호	제1-68호
I S B N	979-11-235-4328-8
정 가	13,000원

NE 능률

고객센터

교재 내용 문의 : contact.nebooks.co.kr (별도의 가입 절차 없이 작성 가능)
제품 구매, 교환, 불량, 반품 문의 : 02-2014-7114
☎ 전화문의는 본사 업무시간 중에만 가능합니다.

www.nebooks.co.kr

NE 능률

즐거운 독해가 만드는 실력의 차이!

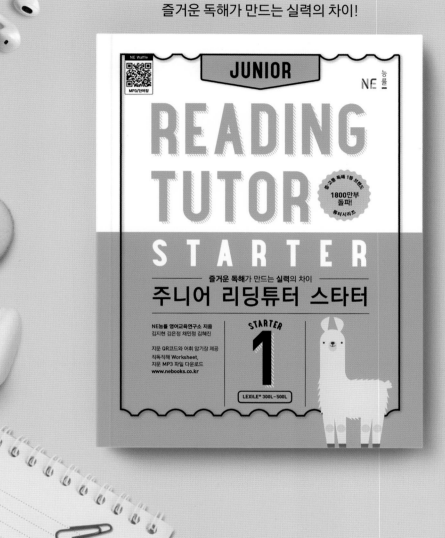

전국 **온오프 서점** 판매중

초·중등 영어 독해 필수 기본서 주니어 리딩튜터

STARTER 1
(초4-5)

STARTER 2
(초5-6)

LEVEL 1
(초6-예비중)

LEVEL 2
(중1)

LEVEL 3
(중1-2)

LEVEL 4
(중2-3)

최신 학습 경향을 반영한 지문 수록

· 시사, 문화, 과학 등 다양한 소재로 지문 구성
· 중등교육과정의 중요 어휘와 핵심 문법 반영

양질의 문제 풀이로 확실히 익히는 독해 학습

· 지문 관련 배경지식과 상식을 키울 수 있는 다양한 코너 구성
· 독해력, 사고력을 키워주는 서술형 문제 강화

Lexile 지수, 단어 수에 기반한 객관적 난이도 구분

· 미국에서 가장 공신력 있는 독서능력 평가 지수 Lexile 지수 도입
· 체계적인 난이도별 지문 구분, 리딩튜터 시리즈와 연계 강화

NE능률 교재 MAP

아래 교재 MAP을 참고하여 본인의 현재 혹은 목표 수준에 따라 교재를 선택하세요.
NE능률 교재들과 함께 영어실력을 쑥쑥~ 올려보세요!
MP3 등 교재 부가 학습 서비스 및 자세한 교재 정보는 www.nebooks.co.kr 에서 확인하세요.

초1-2	초3	초3-4	초4-5	초5-6
	그래머버디 1	그래머버디 2	그래머버디 3	Grammar Bean 3
	초등영어 문법이 된다 Starter 1	초등영어 문법이 된다 Starter 2	Grammar Bean 1	Grammar Bean 4
		초등 Grammar Inside 1	Grammar Bean 2	초등영어 문법이 된다 2
		초등 Grammar Inside 2	초등영어 문법이 된다 1	초등 Grammar Inside 5
			초등 Grammar Inside 3	초등 Grammar Inside 6
			초등 Grammar Inside 4	NELT 문법 실전 모의고사 3
			NELT 문법 실전 모의고사 2	

초6-예비중	중1	중1-2	중2-3	중3
능률중학영어 예비중	능률중학영어 중1	능률중학영어 중2	Grammar Zone 기초편	능률중학영어 중3
Grammar Inside Starter	Grammar Zone 입문편	1316 Grammar 2	Grammar Zone 워크북 기초편	문제로 마스터하는 중학영문법 3
원리를 더한 영문법 STARTER	Grammar Zone 워크북 입문편	문제로 마스터하는 중학영문법 2	1316 Grammar 3	Grammar Inside 3
	1316 Grammar 1	Grammar Inside 2	원리를 더한 영문법 2	열중 16강 문법 3
	문제로 마스터하는 중학영문법 1	열중 16강 문법 2	중학영문법 총정리 모의고사 2	중학영문법 총정리 모의고사 3
	Grammar Inside 1	원리를 더한 영문법 1	쓰기로 마스터하는 중학서술형 2학년	쓰기로 마스터하는 중학서술형 3학년
	열중 16강 문법 1	중학영문법 총정리 모의고사 1	중학 천문장 3	NELT 문법 실전 모의고사 6
	쓰기로 마스터하는 중학서술형 1학년	중학 천문장 2	NELT 문법 실전 모의고사 5	
	중학 천문장 1	NELT 문법 실전 모의고사 4		

예비고-고1	고1	고1-2	고2-3	고3
문제로 마스터하는 고등영문법	Grammar Zone 기본편 1	필히 통하는 고등 영문법 실력편	Grammar Zone 종합편	
올클 수능 어법 start	Grammar Zone 워크북 기본편 1	필히 통하는 고등 서술형 실전편	Grammar Zone 워크북 종합편	
천문장 입문	Grammar Zone 기본편 2	TEPS BY STEP G+R Basic	올클 수능 어법 완성	
	Grammar Zone 워크북 기본편 2		천문장 완성	
	필히 통하는 고등 영문법 기본편			
	필히 통하는 고등 서술형 기본편			
	천문장 기본			
	NELT 문법 실전 모의고사 7			

수능 이상/ 토플 80-89· 텝스 600-699점	수능 이상/ 토플 90-99· 텝스 700-799점	수능 이상/ 토플 100· 텝스 800점 이상		
TEPS BY STEP G+R 1	TEPS BY STEP G+R 2	TEPS BY STEP G+R 3		

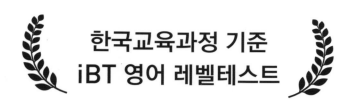

한국교육과정 기준
iBT 영어 레벨테스트

NELT

Neungyule English Level Test

문법 실전
모의고사

LEVEL 3

STUDY BOOK

NELT
Neungyule English Level Test

—

문법 실전 모의고사

LEVEL **3**

STUDY BOOK

01 형용사와 부사의 쓰임 구분

다음 중 빈칸에 알맞은 것을 고르시오.

> The story was _____.

① very
② really
③ greatly
④ funny
⑤ suddenly

형용사와 부사의 쓰임 구분

형용사의 쓰임
(대)명사를 수식하거나, 주어나 목적어를 보충 설명하는 보어의 역할을 한다.

명사 수식	Sydney is a **big** city. I have **good** friends.
주어를 보충 설명	*Julie* is **honest**. *My brother* is **tall**.

부사의 쓰임
동사, 형용사, 다른 부사, 문장 전체를 수식하여 의미를 더해준다.

동사 수식	I get up **early**.
형용사 수식	We are **really** good friends.
부사 수식	He can run **very** fast.
문장 전체 수식	**Sadly**, we lost the baseball game.

핵심 주어 **The story**를 보충 설명하는 형용사가 와야 한다.

02 미래시제

다음 주어진 문장을 미래시제로 바꿀 때 빈칸에 들어갈 말을 고르시오.

> Alex meets his uncle.
> → Alex _____ his uncle.

① will meets
② met
③ meeting
④ be meet
⑤ is going to meet

미래시제

'~하겠다, ~할 예정이다, ~할 것이다'라는 의미로, 앞으로 일어날 미래의 일을 나타낼 때는 「will+동사원형」, 「be going to+동사원형」을 쓴다.
It **is going to be** sunny tomorrow. 〈미래의 예측〉
My friends **are going to visit** my house. 〈예정된 계획〉
I **will go** to England in June. 〈예정된 계획〉

핵심 미래시제는 **be going to**로 나타낼 수 있으며, 주어가 3인칭 단수이므로 be동사는 **is**가 된다.

03 지시대명사 / 인칭대명사와 격

다음 중 빈칸에 들어갈 수 <u>없는</u> 것을 고르시오.

> _____ is my sister.

① This
② These
③ That
④ She
⑤ The girl

지시대명사

this는 '이것, 이 사람'의 의미로 가까운 대상을 가리킬 때 쓰며, that은 '저것, 저 사람'의 의미로 멀리 있는 대상을 가리킬 때 쓴다. 가리키는 대상이 복수일 때는 these, those로 쓴다.
This is my book.
These are my books.

인칭대명사와 격

수	인칭	주격 (~는, ~가)	소유격 (~의)	목적격 (~을)	소유대명사 (~의 것)
단수	1인칭	I	my	me	mine
	2인칭	you	your	you	yours
	3인칭	he / she / it	his / her / its	him / her / it	his / hers / –
복수	1인칭	we	our	us	ours
	2인칭	you	your	you	yours
	3인칭	they	their	them	theirs

She is a bus driver.
They are eagles.

핵심 가리키는 대상인 **my sister**가 단수이다.

04 등위접속사

다음 빈칸에 들어갈 말이 바르게 짝지어진 것을 고르시오.

> • Is this coat yours _____ Jane's?
> • I bought apples, oranges, _____ bananas.

① and – but
② but – and
③ but – or
④ or – and
⑤ or – but

등위접속사

문법적 역할이 대등한 단어, 구, 절 단위의 말을 연결하는 등위접속사에는 and, but, or 등이 있다.

and는 '그리고, ~와'의 의미로 내용상 서로 비슷한 것을 연결한다. 세 개 이상의 단어를 연결할 때는 「A, B, and C」의 형태로 쓴다.
fresh **and** new
baseball, basketball, **and** soccer
It is *cold* **and** *dry* in winter

but은 '그러나, ~지만'의 의미로 내용상 서로 반대인 것을 연결한다.
small **but** strong
The hotel is *old* **but** *clean*.

or는 '또는, ~거나'의 의미로 둘 이상의 선택해야 할 것들을 연결한다.
coffee **or** tea, win **or** lose
They will go there by *bus* **or** *subway*.

핵심 둘 중 선택해야 할 때는 등위접속사 or, 서로 비슷한 것을 연결할 때는 and를 쓴다.

05 조동사의 부정형

다음 중 밑줄 친 **cannot**의 의미로 알맞은 것을 고르시오.

> We <u>cannot</u> find your bag.

① ~않을지도 모른다
② ~해서는 안 된다
③ ~하지 않아야 한다
④ ~할 필요가 없다
⑤ ~할 수 없다

조동사의 부정형

- **must not**: ~하면 안 된다 〈강한 금지〉
- **may not**: ~않을지도 모른다 〈약한 추측〉
  ~해서는 안 된다 〈금지〉
- **cannot**: ~일 리가 없다 〈강한 부정적 추측〉
  ~할 수 없다(= be not able to) 〈불가능〉
- **don't have to**: ~할 필요가 없다 〈불필요〉
- **should not**: ~하지 않아야 한다, ~하지 않는 것이 좋다 〈충고·조언〉

핵심 cannot은 '~일 리가 없다' 또는 '~할 수 없다'를 나타낸다.

06 정관사 the의 쓰임

다음 중 빈칸에 **the[The]**를 쓸 수 <u>없는</u> 것을 고르시오.

① Open _____ window, please.
② _____ man in the photo is Dan.
③ _____ picture on the wall is great.
④ There are many stars in _____ sky.
⑤ Lisa eats bananas for _____ breakfast.

정관사 the의 쓰임

정관사 the는 셀 수 있는 명사, 셀 수 없는 명사 앞에 모두 쓸 수 있으며, '(정해진) 특정한 것'이라는 의미를 나타낸다.

정관사 the를 쓰는 경우

앞에서 언급된 것을 나타낼 때	He bought *a book*. **The** book is interesting.
수식어구로 인해 가리키는 대상이 명확할 때	**The** pen *on your desk* is mine.
말하는 사람과 듣는 사람 모두 그 대상을 알 때	Will you open **the** door?
유일한 자연물, play/practice와 쓰이는 악기 이름, 일부 매체	**The** *sun* is bigger than **the** *earth*. He *played* **the** *piano* for her. I heard the news on **the** *radio*.

정관사 the를 쓰지 않는 경우

식사 이름, 운동경기 이름 앞, 「by+교통수단」, 본래의 용도로 사용된 장소 이름 앞에는 보통 관사를 쓰지 않는다.

핵심 식사 이름 앞에는 보통 관사를 쓰지 않는다.

07 의문사

다음 대화의 빈칸에 알맞은 말을 고르시오.

A: _____
B: It was great.

① What is his name?
② When does the bank open?
③ Why are you sad?
④ How was your weekend?
⑤ Where did you study yesterday?

08 제안문의 형태

다음 문장의 의미가 나머지와 <u>다른</u> 것을 고르시오.

① Let's order pizza for lunch.
② Shall we order pizza for lunch?
③ What about ordering pizza for lunch?
④ Why didn't we order pizza for lunch?
⑤ How about ordering pizza for lunch?

의문사

의문사는 누가(who), 무엇을(what), 언제(when), 어디서(where), 어떻게 (how), 왜(why) 등 구체적인 정보를 물을 때 사용하는 말로, 의문사로 시작 하는 의문문에는 Yes나 No로 대답할 수 없다.

A: **When** did the alarm ring?
B: It rang at 6 a.m.
A: **Why** are you so angry?
B: I'm angry because someone stole my bike.

핵심 상태를 묻는 질문에는 의문사 how를 쓴다.

제안문의 형태

- Let's+동사원형: ~하자
- Shall we+동사원형 ~?: ~할래?
- Why don't we[you]+동사원형 ~?: ~하는 게 어때?
- What[How] about+(동)명사 ~?: ~는 어때?, ~하는 게 어때?

Let's order some Chinese food.
Why don't we take a break?

핵심 Why로 시작하는 제안문은 「Why don't we[you]+동사원형 ~?」의 형태이다.

09 「감각동사+형용사」 (2형식)

다음 중 어법상 옳은 것의 개수를 고르시오.

a. I feel hungry.
b. You look happily.
c. His pictures look strangely.
d. They feel sleepy.

① 0개　　② 1개　　③ 2개　　④ 3개　　⑤ 4개

「감각동사+형용사」 (2형식)

「주어+동사+보어」로 이루어진 2형식 문장에서 보어로는 형용사나 명사가 올 수 있다. 감각을 표현하는 동사 뒤에는 보어로 형용사가 온다.

주어	+	look 보이다	smell 냄새가 나다	+	형용사
		feel 느낌이 들다	sound 들리다		
		taste 맛이 나다	seem ~인 것 같다		

The bird **looks** *beautiful.*
It **sounds** *good.*
The steak **smells** *good.*
The cake **tastes** *sweet.*
His new neighbors **seem** *nice.*

핵심 감각동사 뒤에는 보어로 형용사가 온다.

10 시간과 장소의 전치사

다음 빈칸에 들어갈 말이 바르게 짝지어진 것을 고르시오.

• We talked about many things _____ dinner.
• A vase is _____ the cups.

① in – at
② on – on
③ in front of – during
④ during – behind
⑤ under – next to

시간 관계를 나타내는 전치사

before	~ 전에	**before** meals
after	~ 후에	**after** winter
during	(특정 기간을 나타내는 명사) 동안	**during** the movie
for	(숫자가 포함된 구체적인 기간) 동안	**for** two days

장소의 전치사

in	(공간의 내부, 도시, 국가)에	**in** a box, **in** a room, **in** London, **in** China
at	(장소의 한 지점)에	**at** home, **at** school, **at** the store, **at** the bus stop
on	~ 위에	**on** the floor
under	~ 아래에	**under** the bed
in front of	~ 앞에	**in front of** you
behind	~ 뒤에	**behind** the door
next to	~ 옆에	**next to** the bench

핵심 dinner 앞에는 '~ 동안'을 나타내는 시간의 전치사 **during**이, the cups 앞에는 장소의 전치사 **on, behind, next to**가 올 수 있다.

11 명령문

다음 중 밑줄 친 부분이 어법상 틀린 것을 고르시오.

① <u>Do</u> the dishes.
② <u>Read</u> this book.
③ <u>Please take</u> a break.
④ <u>Stop</u> at the red lights.
⑤ <u>Not play</u> computer games.

명령문

상대방에게 명령하고 지시할 때 쓰는 문장이며, 「동사원형 ~」의 형태로 '~해라'의 의미를 나타낸다. 부정 명령문은 동사원형 앞에 Don't를 붙인 형태로 「~하지 마라」의 의미이다.
명령문 앞에 Please를 붙이면 공손한 부탁의 의미가 된다.
Turn off the TV.
Please be quiet in the library.
Don't turn off the TV.
Don't be shy.

핵심 긍정 명령문은 「동사원형 ~」으로, 부정 명령문은 「Don't+동사원형 ~」으로 시작한다.

12 셀 수 없는 명사의 수량 표현

다음 빈칸에 공통으로 들어갈 말을 고르시오.

• Give me a _____ of cake.
• There is a _____ of paper on the desk.

① slice　　　　　② cup
③ piece　　　　　④ glass
⑤ bottle

셀 수 없는 명사의 수량 표현

셀 수 없는 명사는 「수량+단위 명사+of+셀 수 없는 명사」의 형태로 수량을 표현할 수 있다. 여러 개의 수량을 나타낼 때는 단위 명사만 복수형으로 쓰고 셀 수 없는 명사는 복수형으로 쓰지 않는다.

a cup of coffee 커피 한 잔
a glass of water 물 한 잔
a bottle of wine 와인 한 병
a loaf of bread 빵 한 덩어리
two pieces of cake 케이크 두 조각
two slices of cheese 치즈 두 장
two bowls of soup 수프 두 그릇

핵심 cake과 paper 앞에 올 수 있는 단위 명사는 piece이다.

13 일반동사의 과거형

다음 중 밑줄 친 부분이 어법상 **틀린** 것을 고르시오.

① Tony <u>had</u> a nice toy car.
② She <u>telled</u> a funny story.
③ He <u>put</u> his key on the table.
④ We <u>saw</u> Mr. Smith yesterday.
⑤ They <u>planned</u> a Halloween party.

일반동사의 과거형

규칙 변화

대부분의 동사	동사원형+-ed	searched, wanted, learned, worked, started, watched
자음+e로 끝나는 동사	동사원형+-d	moved, closed, saved, changed, caused
자음+y로 끝나는 동사	y를 i로 바꾸고 +-ed	carry → carried dry → dried
단모음+단자음으로 끝나는 동사	자음을 한 번 더 쓰고+-ed	stop → stopped plan → planned

불규칙 변화

현재형 = 과거형	put → put hit → hit	cut → cut read → read
현재형 ≠ 과거형	do → did come → came see → saw tell → told	have → had go → went hear → heard run → ran

핵심 tell의 과거형은 불규칙 변화로 told이다.

14 be동사의 현재시제 의문문

다음 우리말을 영어로 바르게 옮긴 것을 고르시오.

> Edward와 Dean은 형제인가요?

① Am Edward and Dean brothers?
② Is Edward and Dean brothers?
③ Are Edward and Dean brothers?
④ Isn't Edward and Dean brothers?
⑤ Aren't Edward and Dean brothers?

be동사의 현재시제 의문문

be동사의 현재시제 의문문은 「be동사의 현재형+주어 ~?」로 나타내며, '~입니까, (~에) 있습니까?'를 의미한다.

단수	1인칭	Am I ~?
	2인칭	Are you ~?
	3인칭	Is he/she/it ~?
복수	1인칭	Are we ~?
	2인칭	Are you ~?
	3인칭	Are they ~?

핵심 주어가 3인칭 복수이므로, 의문문은 Are로 시작해야 한다.

15 「There+be동사」

다음 빈칸에 들어갈 말이 바르게 짝지어진 것을 고르시오.

> • There _____ a spoon on the table.
> • There _____ trees in the garden.

① am – was   ② is – was
③ is – were   ④ are – was
⑤ are – were

「There+be동사」

「There+be동사」는 '~가 있다[있었다]'는 의미이며, 뒤에 단수명사나 셀 수 없는 명사가 오면 is[was], 복수명사가 오면 are[were]를 쓴다. 부정형은 be동사 뒤에 not을 붙여서 나타낸다.

There is *a special gift* on the desk.

There are not *lots of books* in the library.

[핵심] 「There+be동사」 뒤에 단수명사가 올 때 be동사는 is[was], 복수명사가 올 때는 are[were]가 와야 한다.

16 동명사의 관용 표현

다음 우리말과 일치하도록 주어진 단어를 바르게 배열하시오.

> 나는 아빠와 낚시하는 것을 좋아한다.
> (go, my dad, with, fishing)

[정답] I like to _____

_____ .

동명사의 관용 표현

동명사는 「v-ing」의 형태로 문장에서 명사 역할을 하며 아래의 관용 표현이 자주 쓰인다.

> • go v-ing: ~하러 가다
> • be busy v-ing: ~하느라 바쁘다
> • feel like v-ing: ~하고 싶다

Do you **go hiking** every Sunday?

[핵심] '낚시하러 가다'는 **go fishing**으로 나타낸다.

17 주어에 따른 일반동사

다음 중 잘못된 부분을 찾아 바르게 고쳐 쓰시오. (현재시제로 쓸 것)

> My son brush his teeth by himself.

정답 _____ → _____

주어에 따른 일반동사

주어가 1인칭, 2인칭이거나 복수일 때, 동사는 동사원형 그대로 쓴다. 주어가 3인칭 단수일 때는 주로 「동사원형+-(e)s」의 형태로 쓴다.

대부분의 동사	동사원형+-s	plays, calls
-o, -s, -ch, -sh, -x로 끝나는 동사	동사원형+-es	does, passes, teaches, washes, fixes
자음+y로 끝나는 동사	y를 i로 바꾸고 +-es	try → tries study → studies
불규칙 동사	have → has	

핵심 주어가 3인칭 단수이므로 동사는 일반동사의 3인칭 단수형으로 써야 한다.

18 인칭대명사와 격

다음 우리말과 일치하도록 빈칸에 알맞은 말을 쓰시오.

> 그 신사는 그의 삼촌이다.
> The gentleman is _____ uncle.

정답 _____

인칭대명사와 격

수	인칭	주격 (~는, ~가)	소유격 (~의)	목적격 (~을)	소유대명사 (~의 것)
단수	1인칭	I	my	me	mine
	2인칭	you	your	you	yours
	3인칭	he she it	his her its	him her it	his hers –
복수	1인칭	we	our	us	ours
	2인칭	you	your	you	yours
	3인칭	they	their	them	theirs

핵심 '그의'에 해당하는 3인칭 단수 소유격이 와야 한다.

19 be동사의 부정문

다음 주어진 문장을 부정문으로 바꿔 쓰시오. (3단어로 쓸 것)

They are middle school students.

정답 _____ middle
school students.

20 현재시제

다음 우리말과 일치하도록 괄호 안에서 알맞은 말을 골라 쓰시오.

물은 100°C에서 끓는다.
Water (boils / boiling) at 100°C.

정답 _____

be동사의 부정문

be동사의 부정문은 「주어+be동사」 뒤에 not을 붙여 '~가 아니다, (~에) 있지 않다'의 의미를 나타낸다.

부정문	줄임말	
I am not	I'm not	–
You are not	You're not	You aren't
He/She/It is not	He's/She's/It's not	He/She/It isn't
We/You/They are not	We're/You're/They're not	We/You/They aren't

I am not a nurse. = I'm not a nurse.　　I amn't a nurse. (X)
You are not kind. = You're not kind. = You aren't kind.
He is not busy. = He's not busy. = He isn't busy.
They are not tired. = They're not tired. = They aren't tired.

핵심 be동사의 부정문은 be동사 뒤에 not을 붙여서 표현한다.

현재시제

현재의 사실이나 상태, 일상적인 습관, 변하지 않는 사실이나 과학적 사실 등을 나타낼 때 사용한다.
I have three sons. 〈현재의 상태〉
She drinks orange juice every morning. 〈일상적인 습관〉
The earth goes around the sun. 〈변하지 않는 사실〉

핵심 변하지 않는 사실을 나타낼 때는 현재시제를 쓴다.

01 수량형용사

다음 빈칸에 들어갈 말이 바르게 짝지어진 것을 고르시오.

- I don't know _____ movie actors.
- They bought _____ books.
- We have _____ problems.

① some – some – many
② some – any – much
③ any – some – many
④ any – some – much
⑤ any – any – much

수량형용사

some, any는 '약간의, 조금의'라는 의미로 some은 주로 긍정문에, any는 주로 부정문과 의문문에 사용된다.
Taehee bought **some** flowers. 〈긍정문〉
I don't eat **any** meat. 〈부정문〉
Is there **any** juice in the bottle? 〈의문문〉

many, much는 모두 '많은'이라는 의미를 가지고 있지만, 함께 사용되는 명사의 종류가 다르므로 주의해야 한다. many는 셀 수 있는 명사의 복수형과, much는 셀 수 없는 명사와 함께 쓰인다.
They have **many** *fans*.
Eric doesn't drink **much** *water*.

(핵심) 부정문에는 any, 긍정문에는 some, 셀 수 있는 명사의 복수형 앞에는 **many**가 쓰인다.

02 be동사의 의문문

다음 대화의 빈칸에 알맞은 것을 고르시오.

A: Hello?
B: Hi, this is Mike. Are you at school now?
A: Yes, _____.

① I am
② I'm
③ I'm not
④ You are
⑤ You're

be동사의 의문문

주어와 be동사(am/are/is)의 자리를 바꾸어 '~입니까?, (~에) 있습니까?'의 의미를 나타낸다. be동사의 의문문에 대한 대답이 긍정일 때, 「주어+be동사」는 줄여 쓰지 않는다.
Is he tall? – Yes, he **is**.　　Yes, he's. (X)
　　　　　　　– No, he **isn't**.

(핵심) be동사의 의문문에 대한 긍정의 대답에서 「주어+be동사」는 줄여 쓰지 않는다.

03 be동사의 현재형

다음 중 빈칸에 알맞은 것을 고르시오.

> A man _____ on the boat now.

① am
② are
③ is
④ was
⑤ were

be동사의 현재형

	주어		be동사의 현재형	be동사의 과거형
단수	1인칭	I	am	was
	2인칭	You	are	were
	3인칭	He	is	was
		She		
		It		
복수	1인칭	We	are	were
	2인칭	You		
	3인칭	They		

핵심 주어가 3인칭 단수이고 현재시제이므로 is를 쓴다.

04 「how+형용사[부사]」

다음 중 대화가 자연스럽지 <u>않은</u> 것을 고르시오.

① A: How much is this bicycle?
   B: It's $200.
② A: How often does your club meet?
   B: Once a week.
③ A: How long is the bridge?
   B: It's fifty years old.
④ A: How tall is the tower?
   B: It's ten meters tall.
⑤ A: How old are you?
   B: I'm thirteen.

「how+형용사[부사]」

「how+형용사[부사]」는 '얼마나 ~한[하게]'의 의미를 나타낸다.

• how old: 몇 살의, 얼마나 오래된 〈나이〉
• how tall: 얼마나 키가 큰/높은 〈키, 높이〉
• how long: 얼마나 긴/오랫동안 〈길이, 기간〉
• how far: 얼마나 먼 〈거리〉
• how often: 얼마나 자주 〈빈도〉
• how much: 얼마(의) 〈가격〉

핵심 how long은 길이나 기간을 묻는 표현이다.

05 명사의 수

다음 중 밑줄 친 부분이 어법상 **틀린** 것을 고르시오.

① We need <u>a salt</u>.
② He is from <u>Paris</u>.
③ Peter has <u>four watches</u>.
④ There is <u>a bike</u> near the door.
⑤ Mom drinks <u>a cup of tea</u> at night.

명사의 수

셀 수 있는 명사의 수
정해진 모양이 있거나 서로 구분되어 개수를 헤아릴 수 있는 명사의 수가 하나일 때는 명사 앞에 부정관사 a[an]를 붙이고, 둘 이상일 때는 복수형으로 쓴다.
Mike needs **a pencil**.
I have **a banana** and **two oranges**.

셀 수 없는 명사의 수
셀 수 없는 명사는 항상 단수형으로 쓰고, 앞에 a[an]를 쓰지 않는다.
셀 수 없는 물질을 나타내는 명사는 단위 명사를 써서 수량을 나타내며, 둘 이상의 수량을 나타낼 때는 단위 명사를 복수형으로 쓴다.

• a glass of milk/water	• a cup of coffee/tea
• a piece of paper	• a slice[piece] of bread/cake
• two bowls of rice/soup	• two bottles of juice

핵심 셀 수 없는 명사 앞에는 a나 an을 붙이지 않는다.

06 미래를 나타내는 be going to와 현재진행형

다음 중 밑줄 친 부분의 쓰임이 나머지와 **다른** 것을 고르시오.

① We <u>are going to</u> move this weekend.
② He <u>is going to</u> join the baseball team.
③ She <u>is going to</u> the park now.
④ I'm <u>going to</u> finish my homework this afternoon.
⑤ They're <u>going to</u> arrive at 7 p.m.

미래를 나타내는 be going to와 현재진행형
「be going to+동사원형」은 '~할 예정이다'의 의미로 미래의 계획을 나타낸다. 이때, 동사 go(가다)의 진행형으로 '~로 가고 있다'를 나타내는 be going to와 구분해야 한다.
She **is going to go** to the park. 〈미래시제〉
She **is going to** the zoo now. 〈현재진행형〉

핵심 be going to 뒤에 동사원형이 오면 미래시제를 나타낸다.

07 시간의 전치사

다음 중 밑줄 친 부분이 어법상 옳은 것을 고르시오.

① The movie will start <u>on</u> 3:30.
② She watched TV <u>before</u> dinner.
③ My dad slept <u>for</u> the musical.
④ Do you have time <u>at</u> the evening?
⑤ He took a shower <u>on</u> 30 minutes.

시간의 전치사

시점을 나타내는 전치사

at	(구체적인 시각·시점)에	at 3 o'clock, at 5:30, at noon, at night
on	(날짜, 요일, 특정한 날)에	on Friday, on May 5th, on my birthday
in	(오전/오후, 월, 계절, 연도)에	in the morning, in May, in winter, in 2024

시간 관계를 나타내는 전치사

before	~ 전에	before meals
after	~ 후에	after winter
during	(특정 기간을 나타내는 명사) 동안	during the movie
for	(숫자가 포함된 구체적인 기간) 동안	for two days

핵심 전치사 before는 '~ 전에'의 의미이다.

08 조동사의 부정형

다음 중 빈칸에 **not**을 쓸 수 <u>없는</u> 것을 고르시오.

① She may _____ join our club.
② You must _____ open the door.
③ We have to _____ take the taxi.
④ They are _____ able to help you.
⑤ I can _____ cook potato soup.

조동사의 부정형

- must not: ~하면 안 된다 〈강한 금지〉
- may not: ~해서는 안 된다 〈금지〉
         ~않을지도 모른다 〈약한 추측〉
- cannot: ~일 리가 없다 〈강한 부정적 추측〉
         ~할 수 없다(= be not able to) 〈불가능〉
- don't have to: ~할 필요가 없다 〈불필요〉

핵심 의무를 나타내는 조동사 have to 앞에 don't를 붙이면 '~할 필요가 없다'는 불필요의 의미를 나타낸다.

09 셀 수 있는 명사의 복수형

다음 중 명사의 복수형으로 옳은 것의 개수를 고르시오.

mouses	deer	foots
bodys	subways	memos
children	mans	benchs

① 1개　　② 2개　　③ 3개　　④ 4개　　⑤ 5개

10 명령문

다음 중 밑줄 친 부분이 어법상 틀린 것을 고르시오.

Class Rules
① <u>Be</u> quiet during class.
② <u>Don't run</u> in the classroom.
③ <u>Nice</u> to your friends.
④ <u>Bring</u> your textbooks every day.
⑤ <u>Do not use</u> your cell phone.

셀 수 있는 명사의 복수형
규칙 변화

대부분의 명사	명사+-s	pen → pen**s** building → building**s**
-s, -sh, -ch, -x 로 끝나는 명사	명사+-es	brush → brush**es** bench → bench**es**
자음+y로 끝나는 명사	y를 i로 바꾸고 +-es	baby → bab**ies** body → bod**ies**
자음+o로 끝나는 명사	명사+-es	tomato → tomato**es** 예외) piano → piano**s** memo → memo**s**
-f, -fe로 끝나는 명사	f, fe를 v로 바꾸고 +-es	life → li**ves** 예외) roof → roof**s**

불규칙 변화

단수형 ≠ 복수형	man → **men**　　child → **children** foot → **feet**　　mouse → **mice** ox → **oxen**　　tooth → **teeth**
단수형 = 복수형	deer → **deer**　　sheep → **sheep** fish → **fish**

핵심 명사의 형태에 따라 복수형의 형태가 다르며, 불규칙 변화에 유의해야
한다.

명령문
긍정 명령문은 '~해라'라는 의미로, 주어 없이 「동사원형 ~」의 형태이다. 부정
명령문은 '~하지 마라'라는 의미로, 「Don't[Do not]+동사원형 ~」으로 쓴다.
Be careful.
Wake up.

Don't be shy.
Don't touch my cell phone.

핵심 긍정 명령문은 동사원형으로 시작한다.

11 미래시제 / 과거시제

다음 빈칸에 들어갈 말이 바르게 짝지어진 것을 고르시오.

> • We _____ a break soon.
> • I _____ a computer yesterday.

① took – buy
② took – bought
③ will take – buy
④ will take – bought
⑤ will take – will buy

12 형용사의 어순

다음 중 빈칸에 알맞은 것을 고르시오.

> I know _____ boys.

① these young two
② two young these
③ young two these
④ two these young
⑤ these two young

미래시제

미래시제는 앞으로 일어날 일을 나타낼 때 쓰며, 동사 앞에 will이나 be going to를 써서 표현한다. 주로 tomorrow, tonight, this evening, next year, soon 등 미래의 시점을 나타내는 표현과 함께 사용된다.
It **will be** cold soon.

과거시제

과거시제는 과거에 일어난 일을 나타낼 때 쓰며, be동사나 일반동사의 과거형을 써서 표현한다. yesterday, last week, last year 등 과거의 시점을 나타내는 표현과 종종 함께 사용된다.
We **were** in San Francisco last night.

핵심 문장에 쓰인 부사 soon은 미래시제, yesterday는 과거시제에서 쓰인다.

형용사의 어순

여러 개의 형용사가 동시에 하나의 명사를 수식할 때는 대부분 「관사/형용사 역할을 하는 대명사+수량형용사+성질·상태를 나타내는 형용사+명사」 어순으로 쓴다.

형용사 역할을 하는 대명사	소유격 인칭대명사(my, its 등), 지시형용사(this, those 등)
수량형용사	기수(one, two 등), 서수(first, second 등), 배수(half, double 등), many, little, some, any 등
성질·상태를 나타내는 형용사	kind, tall, big, blue 등

핵심 지시형용사 these, 수량형용사 two, 성질·상태를 나타내는 형용사 young의 어순으로 써야 한다.

13 비인칭주어 it

다음 중 밑줄 친 부분의 쓰임이 나머지와 다른 것을 고르시오.

① It's Wednesday.
② It's a wonderful day.
③ It's a letter for you.
④ It's 7:30 now.
⑤ It's 4 miles to the downtown.

비인칭주어 it

비인칭주어 it은 시간, 날짜, 요일, 날씨, 계절, 거리를 나타낼 때 쓸 수 있다.

> What time is it now? – **It's** 7 p.m. 〈시간〉
> How is the weather? – **It's** sunny. 〈날씨〉
> How far is **it**? – **It's** 10 kilometers away. 〈거리〉

핵심 비인칭주어 **it**은 별다른 뜻 없이 해석하지 않으므로, '그것'을 의미하는 대명사와 구분한다.

14 부사의 쓰임

다음 중 빈칸에 알맞은 것을 고르시오.

> It snowed _____ in New York today.

① heavy
② heavier
③ heaviest
④ heavily
⑤ with heavy

부사의 쓰임

부사는 동사, 형용사, 다른 부사를 꾸며주거나 문장 전체를 꾸며준다.
We walked **slowly**. 〈동사 수식〉

Leo is **quite** kind. 〈형용사 수식〉

Olivia answered me **very** kindly. 〈부사 수식〉

Luckily, he survived the accident. 〈문장 전체 수식〉

핵심 동사(snowed)를 수식하는 부사가 필요하다.

18

15 현재시제

다음 우리말을 영어로 바르게 옮긴 것을 고르시오.

해는 동쪽에서 뜬다.

① The sun rises in the east.
② The sun is rising in the east.
③ The sun rose in the east.
④ The sun will rise in the east.
⑤ The sun is going to rise in the east.

현재시제

현재의 사실이나 상태, 일상적인 습관, 변하지 않는 사실이나 과학적 사실 등을 나타낼 때 사용한다.
I **have** three sons. 〈현재의 상태〉
She **drinks** orange juice every morning. 〈일상적인 습관〉
The earth **goes** around the sun. 〈변하지 않는 사실〉

핵심 해가 동쪽에서 뜨는 것은 변하지 않는 사실이므로 현재시제로 쓴다.

16 조동사 have to의 부정형

다음 우리말과 일치하도록 주어진 말을 활용하여 문장을 완성하시오. (3단어로 쓸 것)

우리는 내일 학교에 갈 필요가 없다. (have to)

정답 We _____ go to school tomorrow.

조동사 have to의 부정형

의무를 나타내는 조동사 have to 앞에 don't를 붙이면 '~할 필요가 없다'는 불필요의 의미를 나타낸다.
You **don't have to** bring a lunch box.
He **doesn't have to** call me.

핵심 '~할 필요가 없다'는 don't have to로 나타낸다.

17 의문사

다음 우리말과 일치하도록 주어진 단어를 바르게 배열하시오.

> 그의 직업은 무엇이니?
> (his, what, is, job)

정답 _____?

의문사

의문사는 '누가, 무엇을, 언제, 어디서, 어떻게, 왜' 등 구체적인 정보를 물을 때 사용하는 말로, who, what, which, when, where, why, how 등이 있다.

문장의 종류	의문문의 어순
동사가 be동사인 문장	「의문사+be동사+주어 ~?」
동사가 일반동사인 문장	「의문사+조동사(do/will 등)+주어+동사원형 ~?」

What is this?
Where will they go?

핵심 동사가 be동사인 문장이므로, 「의문사+be동사+주어 ~?」의 어순으로 쓴다.

18 동명사의 관용 표현

다음 우리말과 일치하도록 주어진 단어를 활용하여 문장을 완성하시오. (3단어로 쓸 것)

> 너는 매주 일요일마다 등산하러 가니?
> (go v-ing, hike)

정답 Do _____ every
Sunday?

동명사의 관용 표현

- go v-ing: ~하러 가다
- feel like v-ing: ~하고 싶다
- be busy v-ing: ~하느라 바쁘다

Let's **go fishing** with me tomorrow.
I **feel like staying** at home all day.
I'm **busy writing** a book.

핵심 '~하러 가다'는 「go v-ing」 구문으로 나타낸다.

19 접속사

다음 우리말과 일치하도록 보기 에서 알맞은 접속사를 골라 쓰시오.

| 보기 | after | before | when | because |

비가 올 때, 나는 집에서 TV를 본다.

정답 _____ it is raining, I watch
TV at home.

접속사

when, before, after, because는 문장과 문장을 연결하는 접속사이다.

· when: ~할 때
· before: ~하기 전에
· after: ~한 후에
· because: ~이기 때문에

When I was sick, I went to bed early.
I have to finish my homework **before** Mom comes home.
I'll go out **after** I do my work.
Because it rained a lot, he didn't wash his car.

핵심 '~할 때'는 접속사 when으로 나타낸다.

20 be동사의 과거형

다음 문장의 밑줄 친 부분을 바르게 고쳐 쓰시오.

Tiffany <u>is</u> late for the class yesterday.

정답 _____

be동사의 과거형

주어		be동사의 현재형	be동사의 과거형
단수	1인칭 I	am	was
	2인칭 You	are	were
	3인칭 He	is	was
	She		
	It		
복수	1인칭 We	are	were
	2인칭 You		
	3인칭 They		

핵심 is의 과거형은 was이다.

01 부정관사 a[an]의 쓰임

다음 중 보기 의 밑줄 친 부분과 쓰임이 같은 것을 고르시오.

보기 My mom works five days <u>a</u> week.

① David has <u>a</u> sister.
② I went to <u>a</u> post office.
③ Jane is <u>a</u> science teacher.
④ There is <u>an</u> orange in the bag.
⑤ They play tennis twice <u>a</u> month.

02 조동사 may와 can의 의문문

다음 중 대화가 자연스럽지 않은 것을 고르시오.

① A: May I talk to Shawn?
　 B: Yes, I may.
② A: Can you turn off the light?
　 B: Sure.
③ A: Can I ask a question?
　 B: Of course.
④ A: May I change my seat?
　 B: I'm afraid not.
⑤ A: Can you write your name in Chinese?
　 B: Yes, I can. It's easy.

부정관사 a[an]의 쓰임

부정관사 a[an]는 셀 수 있는 명사의 단수형 앞에서 '(정해지지 않은) 불특정한 하나' 등의 의미를 나타낸다. a[an]가 '~ 마다'의 의미를 나타낼 때, per로 바꿔 쓸 수 있다.

I need **a** pen. 〈막연한 하나〉
There is **a** camera on the desk. 〈개수가 하나〉
He runs four kilometers **a** day. 〈~ 마다(=per)〉

핵심 '~ 마다'를 의미하는 a[an]를 찾는다.

조동사 may의 의문문

'~해도 될까요?'라고 상대방에게 허락을 구할 때는 「May I ~?」 형태의 의문문을 쓴다.

May I sit here?
– Yes, you **may**. / Sure. / Of course.
– No, you **may not**. / I'm afraid not.

조동사 can의 의문문

능력을 묻거나 허락을 구할 때, 요청할 때 「Can+주어 ~?」 형태의 의문문을 쓴다.

Can you read Japanese? 〈능력 묻기〉
– Yes, I **can**. / No, I **can't**.

Can I turn off the TV? 〈허락 구하기〉
– Yes, you **can**. / Sure. / Of course.
– No, you **can't**. / Sorry, but you **can't**.

Can you close the window? 〈요청하기〉
– Sure. / Of course.
– I'm afraid not. / I'm sorry, but I **can't**.

핵심 조동사 may로 시작하는 의문문에 대한 대답으로는 Yes, you may. 또는 No, you may not. 등이 적절하다.

03 지시형용사 / 지시대명사

다음 밑줄 친 this[This]의 쓰임이 나머지와 다른 것을 고르시오.

① Will you buy this necklace?
② I didn't find the book in this library.
③ My son visited this toy store before.
④ Is this a present for your brother?
⑤ This room is my favorite place in my house.

지시형용사

this나 that이 뒤에 오는 명사를 꾸며 줄 때 이를 지시형용사라고 하며, 각각 '이 ~', '저 ~'라고 해석한다.

This book is interesting.

지시대명사

this는 '이것, 이 사람'의 뜻으로 가까운 대상을 가리킬 때 쓰며, that은 '저것, 저 사람'이라고 해석하며 먼 대상을 가리킬 때 쓴다.

This is my book.

핵심 평서문에서 this 뒤에 be동사가 오면 지시대명사, 명사가 오면 지시형용사로 쓰인 것이다.

04 인칭대명사와 격

다음 밑줄 친 부분을 대신할 수 있는 대명사가 아닌 것을 고르시오.

① I love my sister's presents.
　　　　　→ her
② Angela helps Danny with his homework.
　　　　　　→ him
③ This idea is Jim and Pam's.
　　　　　→ theirs
④ Our friends are very kind.
　　→ We
⑤ You and Ron are the best dancers.
　　→ You

인칭대명사와 격

수	인칭	주격 (~는, ~가)	소유격 (~의)	목적격 (~을)	소유대명사 (~의 것)
단수	1인칭	I	my	me	mine
	2인칭	you	your	you	yours
	3인칭	he she it	his her its	him her it	his hers –
복수	1인칭	we	our	us	ours
	2인칭	you	your	you	yours
	3인칭	they	their	them	theirs

핵심 Our friends는 3인칭 복수 주격 대명사 They로 대신할 수 있다.

05 의문사 why와 접속사 because

다음 빈칸에 들어갈 말이 바르게 짝지어진 것을 고르시오.

| A: _____ are you so happy? |
| B: _____ my exams are over. |

① Who – When
② What – Because
③ Where – When
④ Why – Because
⑤ How – Before

의문사 why와 접속사 because

why(왜)는 원인, 이유 등을 물을 때 쓰는 의문사이며, why로 묻는 질문에 대한 대답에는 주로 접속사 because(왜냐하면)가 사용된다.

A: **Why** are you so angry?
B: I'm angry **because** someone stole my bike.

A: **Why** did Jane go to the hospital?
B: **Because** she hurt her leg.

핵심 원인이나 이유를 묻는 의문사는 why, 이유를 설명할 때 쓰는 접속사는 because이다.

06 「감각동사+형용사」 (2형식)

다음 중 어법상 옳은 것의 개수를 고르시오.

a. It sounds greatly.
b. I feel tired now.
c. The weather today looks cold.
d. They feel happily every day.

① 0개   ② 1개   ③ 2개   ④ 3개   ⑤ 4개

「감각동사+형용사」 (2형식)

「주어+동사+보어」로 이루어진 2형식 문장에서 보어로는 형용사나 명사가 올 수 있다. 감각을 표현하는 동사 뒤에는 보어로 형용사가 온다.

주어	+	look 보이다 smell 냄새가 나다 feel 느낌이 들다 sound 들리다 taste 맛이 나다 seem ~인 것 같다	+	형용사

The bird **looks** beautiful.
It **sounds** good.
The steak **smells** good.
The cake **tastes** sweet.
His new neighbors **seem** nice.

핵심 감각동사 뒤에는 보어로 형용사가 온다.

07 지시형용사 / 인칭대명사와 격

다음 우리말을 영어로 바르게 옮긴 것을 고르시오.

> 저 개들이 나의 애완동물들이다.

① These dogs are my pets.
② These dogs are me pets.
③ Those dogs are my pets.
④ Those dogs are me pets.
⑤ Those dogs are mine pets.

08 일반동사의 현재형

다음 중 빈칸에 알맞은 것을 고르시오.

> Cindy _____ history.

① study   ② studies
③ don't study   ④ don't studies
⑤ doesn't studies

지시형용사

this(이 ~)/that(저 ~)은 단수명사와 함께 쓰이며, 각각의 복수형인 these/those는 복수명사와 함께 쓰인다. this/these는 가까이에 있는 사물이나 사람을 가리키며, that/those는 멀리 있는 사물이나 사람을 가리킨다.

인칭대명사와 격

수	인칭	주격 (~는, ~가)	소유격 (~의)	목적격 (~을)	소유대명사 (~의 것)
단수	1인칭	I	my	me	mine
	2인칭	you	your	you	yours
	3인칭	he she it	his her its	him her it	his hers –
복수	1인칭	we	our	us	ours
	2인칭	you	your	you	yours
	3인칭	they	their	them	theirs

핵심 '저 ~들'의 의미는 지시형용사 Those로, '나의'는 1인칭 단수 소유격 my로 쓴다.

일반동사의 현재형

주어가 1인칭, 2인칭, 복수일 때 동사는 동사원형을 쓰고, 3인칭 단수일 때는 주로 「동사원형+-(e)s」 형태로 쓴다.

일반동사 현재형의 부정문

주어	부정형	줄임말
1인칭, 2인칭, 복수	do not+동사원형	don't+동사원형
3인칭 단수	does not+동사원형	doesn't+동사원형

We **don't like** sad movies.
Sam **doesn't wear** glasses.

핵심 주어가 3인칭 단수일 때 부정형은 「doesn't+동사원형」으로 나타낸다는 점에 유의한다.

09 형용사와 부사의 쓰임

다음 중 밑줄 친 부분의 성격이 나머지와 다른 것을 고르시오.

① You did the job well.
② Amy is very lonely.
③ She came home early.
④ I passed the test easily.
⑤ The kangaroos jump high.

형용사의 쓰임

Sydney is a **big** *city*. 〈명사 수식〉
My brother is **tall**. 〈주어를 보충 설명〉

부사의 쓰임

My father *drives* **carefully**. 〈동사 수식〉
She is **very** *popular*. 〈형용사 수식〉
He answered me **very** *kindly*. 〈부사 수식〉
Sadly, *we lost the game*. 〈문장 전체 수식〉
-ly로 끝나지만 부사가 아니라 형용사인 단어(friendly, lovely, costly, lonely 등)에 주의한다.

핵심 lonely처럼 -ly로 끝나는 형용사를 부사로 착각하지 않는다.

10 be동사의 현재형과 과거형

다음 중 어법상 틀린 것을 고르시오.

① The cat is on my bed now.
② She is at work yesterday.
③ The kids are in the pool now.
④ We were classmates last year.
⑤ Brian was late for school this morning.

be동사의 현재형과 과거형

주어	be동사의 현재형	be동사의 과거형
I	am	was
He/She/It	is	was
We/You/They	are	were

We **are** on the train *now*. 〈현재〉
I **was** tired *yesterday*. 〈과거〉

핵심 yesterday, last night, ago 등 과거를 나타내는 표현이 있을 때는 동사의 과거형을 쓴다.

11 조동사의 의미

다음 중 밑줄 친 부분의 우리말 의미가 알맞지 <u>않은</u> 것을 고르시오.

① I <u>must</u> read the books.
　~해야 한다
② You <u>may</u> sit down now.
　~임에 틀림없다
③ You <u>can</u> watch TV after dinner.
　~해도 좋다
④ She <u>can</u> make a strawberry cake.
　~할 수 있다
⑤ We <u>should</u> check the tour schedule.
　~하는 것이 좋다

조동사의 의미

can	~할 수 있다 〈능력·가능〉 ~해도 좋다 〈허가〉
may	~해도 좋다 〈허가〉 ~일지도 모른다 〈약한 추측〉
must	~해야 한다 〈의무〉 ~임에 틀림없다 〈강한 추측〉
should	~해야 한다 〈가벼운 의무〉 ~하는 것이 좋다 〈권유·충고〉

핵심 may는 '~해도 좋다'는 허가의 의미와 '~일지도 모른다'는 추측의 의미를 나타낸다.

12 정관사 the의 쓰임

다음 중 밑줄 친 부분이 어법상 옳은 것을 고르시오.

① I play <u>piano a</u> in music class.
② I play <u>a piano</u> in music class.
③ I play <u>an piano</u> in music class.
④ I play <u>piano the</u> in music class.
⑤ I play <u>the piano</u> in music class.

정관사 the의 쓰임

관용적으로 정관사 the를 쓰는 경우

세상에 하나밖에 없는 것 앞에	the sun, the moon, the earth, the sky, the world
play/practice와 쓰이는 악기 이름 앞에	play the piano practice the guitar
위치/방향 앞에	the left, the east, the south
in the+아침/오후/저녁	in the morning

The *earth* goes around **the** *sun*.
Does Alice *play* **the** *guitar*?

핵심 연주의 대상으로 악기를 표현할 때는 악기 이름 앞에 the를 쓴다.

13 시간의 전치사

다음 빈칸에 들어갈 말이 바르게 짝지어진 것을 고르시오.

> • He will see a doctor _____ Monday.
> • We'll travel in Spain _____ two weeks.

① at – during
② at – for
③ on – during
④ on – for
⑤ in – for

시간의 전치사
시점을 나타내는 전치사

at	(구체적인 시각·시점)에	at 3 o'clock, at 5:30, at noon, at night
on	(날짜, 요일, 특정한 날)에	on Friday, on May 5th, on my birthday
in	(오전/오후, 월, 계절, 연도)에	in the morning, in June, in winter, in 2024

시간 관계를 나타내는 전치사

before	~ 전에	before meals
after	~ 후에	after winter
during	(특정 기간을 나타내는 명사) 동안	during the movie
for	(숫자가 포함된 구체적인 기간) 동안	for two days

핵심 요일 앞에는 전치사 on, 숫자가 포함된 시간의 길이 앞에는 for가 쓰인다.

14 인칭대명사 it과 비인칭주어 it 구분

다음 중 **보기**의 밑줄 친 부분과 쓰임이 같은 것을 고르 시오.

> **보기** It is my mistake.

① It is rainy.
② It is Susan's cat.
③ It is Christmas today.
④ It looks dark outside.
⑤ It is about 500 meters to school.

인칭대명사 it과 비인칭주어 it 구분

가리키는 대상이 명확하고 '그것'이라고 해석될 때는 대명사 it, 가리키는 대상이 특별히 없고 시간, 날짜, 요일, 날씨, 계절, 거리, 명암 등을 나타내는 표현과 함께 쓰일 때는 비인칭주어 it을 쓴다.

It is my cell phone. (그것이 지칭하는 것은 내 휴대전화)
└─ = ─┘

It is spring. (그것이 지칭하는 것이 봄은 아님)
└─ ≠ ─┘

핵심 인칭대명사 it은 '그것'이라고 해석할 수 있다.

15 현재진행형

다음 중 빈칸에 알맞은 것을 고르시오.

Lisa and I _____ flowers now.

① draws
② drew
③ drawing
④ am drawing
⑤ are drawing

16 동명사의 관용 표현

다음 중 잘못된 부분을 찾아 바르게 고쳐 쓰시오.

Dad will go fish with me tomorrow.

정답 _____ → _____

현재진행형

현재진행형은 「be동사의 현재형(am/are/is)+v-ing」의 형태이며, 이때 be동사는 주어의 인칭·수에 맞게 쓴다.

Helen **is talking** on the phone.
They **are sleeping** on the sofa now.
I **am not wearing** a jacket. 〈부정문〉
Is she **studying** now? 〈의문문〉
– Yes, she **is**. / No, she **isn't**.

핵심 현재의 일을 나타내는 표현인 now가 있으므로, 현재시제나 현재진행형으로 써야 한다.

동명사의 관용 표현

동명사는 「동사원형+ing」 형태로 문장에서 명사 역할을 하며, 여러 관용 표현으로 자주 쓰인다.

- go v-ing: ~하러 가다
- be busy v-ing: ~하느라 바쁘다
- feel like v-ing: ~하고 싶다

Do you **go shopping** tomorrow?

핵심 「go v-ing」는 '~하러 가다'의 의미를 나타낸다.

17 일반동사의 의문문

다음 주어진 문장을 의문문으로 바꿔 쓰시오.

He walks his dog in the park.

정답 _____

in the park?

---

18 부정대명사 all

다음 우리말과 일치하도록 주어진 단어를 바르게 배열하시오.

모든 아이들은 사랑이 필요하다.
(need, children, all, love)

정답 _____

일반동사의 의문문

주어	일반동사의 의문문	대답
1인칭, 2인칭, 복수	Do+주어+동사원형 ~?	Yes, 주어+do. No, 주어+don't.
3인칭 단수	Does+주어+동사원형 ~?	Yes, 주어+does. No, 주어+doesn't.

Do *you* **like** Italian food? – Yes, I do.
Does *it* **taste** good? – No, it doesn't.

핵심 주어가 3인칭 단수인 **He**이고 일반동사 **walks**가 쓰였으므로, 의문문은 **Does**로 시작해야 한다.

부정대명사 all

'모든, 모든 것'의 의미로, all이 대명사로 사람을 나타낼 때는 복수, 사물이나 상황을 나타낼 때는 단수 취급한다. 단, 「all (of)+명사」인 경우 뒤에 나오는 명사의 수에 동사를 일치시킨다.

All *was* calm this morning.
All of us *were* very tired after the long trip.

핵심 부정대명사 **all** 뒤에 명사가 와서 '모든 ~'의 뜻을 나타낸다.

19 비교급의 형태

다음 우리말과 일치하도록 주어진 단어를 활용하여 빈칸에 알맞은 말을 쓰시오.

> 거북이는 상어보다 더 오래 산다. (long)
> → Turtles live _____ than sharks.

정답 _____

비교급의 형태

형용사와 부사의 비교급 형태

대부분의 단어	원급+-er	short → shorter
-e로 끝나는 단어	원급+-r	large → larger
단모음+단자음으로 끝나는 단어	자음을 한 번 더 쓰고+-er	big → bigger
-y로 끝나는 단어	y를 i로 바꾸고+-er	happy → happier

핵심 형용사 long의 비교급은 longer이다.

20 미래시제 will

다음 우리말과 일치하도록 주어진 단어를 바르게 배열하시오.

> 나는 가수가 될 것이다. (will, a singer, I, be)

정답 _____

미래시제 will

미래를 나타내는 조동사 will은 '~할 것이다, ~하겠다'라는 의미로, 미래에 대한 예측이나 주어의 의지를 나타낸다. 조동사 will은 주어의 인칭이나 수에 따라 형태가 바뀌지 않는다. 「인칭대명사 주어+will」을 「주어'll」로 줄여 쓸 수 있다.

I **will remember** you.
She**'ll be** 14 years old next year.

핵심 미래시제는 「will+동사원형」의 형태로 나타낸다.

01 지시대명사 / 지시형용사 / 인칭대명사와 격

다음 중 어법상 옳은 것을 고르시오.

① This's not butter.
② He's room is large.
③ They help I a lot.
④ These glasses are mine.
⑤ That's my classmates.

02 제안문의 형태

다음 두 문장이 같은 뜻이 되도록 빈칸에 들어갈 알맞은 말을 고르시오.

> What about visiting the museum tomorrow?
> = _____ about visiting the museum tomorrow?

① When   ② Why
③ How   ④ Where
⑤ Who

지시대명사

특정한 사람이나 사물을 가리키는 대명사로, 가리키는 대상이 단수이면 this/that, 복수이면 these/those를 쓴다. this/these는 가까이에 있는 사물이나 사람, that/those는 멀리 있는 것을 가리킨다.
That is는 That's로 줄여 쓸 수 있지만 This is는 줄여 쓸 수 없다.

지시형용사

this/that이 형용사처럼 명사를 꾸며주면 이를 지시형용사라고 한다. this/that은 단수명사와, these/those는 복수명사와 함께 쓴다.

인칭대명사와 격

수	인칭	주격 (~는, ~가)	소유격 (~의)	목적격 (~을)	소유대명사 (~의 것)
단수	1인칭	I	my	me	mine
	2인칭	you	your	you	yours
	3인칭	he she it	his her its	him her it	his hers –
복수	1인칭	we	our	us	ours
	2인칭	you	your	you	yours
	3인칭	they	their	them	theirs

핵심 지시형용사 these는 복수명사와 함께 쓰인다.

제안문의 형태

- Let's+동사원형: ~하자
- Shall we+동사원형 ~: ~할래?
- Why don't we[you]+동사원형 ~: ~하는 게 어때?
- What[How] about+(동)명사 ~: ~는 어때?, ~하는 게 어때?

핵심 「What about+(동)명사 ~?」는 「How about+(동)명사 ~?」 구문으로 바꿔 쓸 수 있다.

03 현재진행형

다음 중 밑줄 친 부분이 어법상 **틀린** 것을 고르시오.

① I <u>am liking</u> sports.
② He <u>is cutting</u> the cake.
③ They <u>are singing</u> a song.
④ I <u>am listening</u> to the radio.
⑤ Minho <u>is lying</u> on the bed.

04 셀 수 있는 명사의 복수형

다음 중 단어의 복수형이 바르게 짝지어지지 <u>않은</u> 것을 고르시오.

① day – days
② bus – buses
③ man – men
④ knife – knifes
⑤ pencil – pencils

현재진행형

현재진행형은 「be동사의 현재형(am/are/is)+v-ing」의 형태이며, 이때 be동사는 주어의 인칭과 수에 맞게 쓴다.

동사의 진행형(v-ing) 만드는 방법

대부분의 동사	동사원형+-ing	walk → walk**ing** go → go**ing**
-e로 끝나는 동사	e를 빼고+-ing	come → com**ing** make → mak**ing**
-ie로 끝나는 동사	ie를 y로 바꾸고 +-ing	die → d**ying** lie → l**ying**
단모음+단자음으로 끝나는 동사	자음을 한 번 더 쓰고+-ing	run → run**ning** stop → stop**ping**

진행형으로 쓰지 않는 동사

소유나 상태, 감정을 나타내는 동사 have, like, want, need, know, understand 등은 진행형으로 쓰지 않는다.

핵심 like는 진행형으로 쓰이지 않는 동사이다.

셀 수 있는 명사의 복수형

둘 이상의 셀 수 있는 명사를 나타낼 때는 보통 명사 뒤에 -(e)s를 붙인다.

대부분의 명사		명사+-s	cars, maps, pencils
-s, -x, -ch, -sh, -o로 끝나는 명사		명사+-es	buses, boxes, dishes, watches, tomatoes 예외) pianos, photos
자음+y로 끝나는 명사		y를 i로 고치고+-es	baby → bab**ies** city → cit**ies**
-f, -fe로 끝나는 명사		f, fe를 v로 고치고+-es	leaf → lea**ves** knife → kni**ves** 예외) roofs
불규칙	단수형 ≠ 복수형	man → **men** child → **children**	foot → **feet** tooth → **teeth**
	단수형 = 복수형	fish → **fish** sheep → **sheep**	deer → **deer**

핵심 knife는 -fe로 끝나는 명사이므로, 복수형은 fe를 v로 고치고 -es를 붙인다.

05 부정관사 a[an]/정관사 the의 쓰임

다음 중 밑줄 친 부분이 어법상 <u>틀린</u> 것을 고르시오.

① I have <u>a</u> sister.
② I need <u>a</u> pencil case.
③ <u>A</u> world changes fast.
④ Joe lives in <u>an</u> apartment.
⑤ There is <u>an</u> airplane in the sky.

부정관사 a[an]의 쓰임

셀 수 있는 명사의 단수형 앞에 쓰이며, 뒤에 나오는 명사의 발음이 자음이면 a, 모음으로 시작하면 an을 쓴다.

특별히 정해지지 않은 하나의 명사 앞에	I need **a** pen.
사람이나 사물이 하나임을 나타낼 때 명사 앞에	I have **a** bother.
'~ 마다, 매'의 의미를 나타낼 때 명사 앞에	The car goes 60 km **an** hour.

정관사 the의 쓰임

관용적으로 정관사 the를 쓰는 경우

세상에 하나밖에 없는 것 앞에	**the** sun, **the** moon, **the** earth, **the** sky, **the** world
play/practice와 쓰이는 악기 이름 앞에	play **the** piano, practice **the** guitar
위치/방향 앞에	**the** left, **the** right, **the** east, **the** west, **the** south, **the** north
in the+아침/오후/저녁	in **the** morning

The *earth* goes around **the** *sun*.
Does Alice *play* **the** *guitar*?

핵심 world는 유일한 자연물이므로 앞에 정관사 The가 와야 한다.

06 be동사 현재형의 의문문

다음 중 대화에 어법상 <u>틀린</u> 부분이 있는 것을 고르시오.

① A: Is Susan in her room?
　 B: Yes, she is.
② A: Are you Amy's brother?
　 B: No, I'm not.
③ A: Is it warm now?
　 B: Yes, it is.
④ A: Are you and Tim cousins?
　 B: Yes, you are.
⑤ A: Are they with you?
　 B: No, they aren't.

be동사 현재형의 의문문

「be동사 현재형+주어 ~?」의 형태로 '~입니까, (~에) 있습니까?'의 의미를 나타낸다.

		의문문	긍정의 대답	부정의 대답
단수	1인칭	Am I ~?	Yes, you are.	No, you aren't.
	2인칭	Are you ~?	Yes, I am.	No, I'm not.
	3인칭	Is he ~?	Yes, he is.	No, he isn't.
		Is she ~?	Yes, she is.	No, she isn't.
		Is it ~?	Yes, it is.	No, it isn't.
복수	1인칭	Are we ~?	Yes, you/we are.	No, you/we aren't.
	2인칭	Are you ~?	Yes, we are.	No, we aren't.
	3인칭	Are they ~?	Yes, they are.	No, they aren't.

핵심 주어가 2인칭 복수인 be동사 의문문에 대한 대답에는 we가 들어가야 한다.

07 미래시제

다음 대화의 빈칸에 들어갈 말이 바르게 짝지어진 것을 고르시오.

A: _____ you be free this afternoon?

B: Yes, I will. Why?

A: We _____ going to play basketball. Let's go together.

---

① Will – will
② Are – are
③ Will – are
④ Are – will
⑤ Do – are

08 want to 구문

다음 중 빈칸에 알맞은 것을 고르시오.

I want _____ to Africa.

---

① will travel
② travels
③ traveled
④ to travel
⑤ to traveling

미래시제

미래시제는 앞으로 일어날 일을 나타낼 때 쓰며, 주로 동사 앞에 will이나 be going to를 써서 표현한다. 미래시제는 주로 tomorrow, tonight, this evening, next year, soon 등 미래의 시점을 나타내는 표현과 함께 사용된다.

I **will** call you tomorrow.
She **is going to** play baseball after school.

핵심 미래에 대해 이야기할 때는 **will**이나 **be going to**를 이용한다.

want to 구문

want to는 '~를 원하다'는 의미이며, 부정형은 want 앞에 don't[doesn't]를 붙인다.
She **wants to climb** Halla Mountain.
I **don't want to visit** her house.

핵심 **want to**는 '~를 원하다'의 의미이다.

09 조동사 may

다음 중 밑줄 친 부분의 쓰임이 나머지와 <u>다른</u> 것을 고르시오.

① He <u>may</u> be sleepy now.
② Stephen <u>may</u> be a genius.
③ This clock <u>may</u> not be right.
④ They <u>may</u> not be busy tonight.
⑤ You <u>may</u> park your car here.

조동사 may

조동사 may는 '~해도 좋다'의 허가, '~일지도 모른다'의 추측을 나타내며, 부정형은 may 뒤에 not을 붙여서 나타낸다.
You **may** come into my room. 〈허가〉
People **may not** take pictures in the gallery. 〈허가〉
The guests **may** arrive late. 〈추측〉

핵심 may는 추측이나 허가의 의미를 나타낸다.

10 「There+be동사」 / be동사의 과거형

다음 각 네모 안에서 어법상 알맞은 것끼리 바르게 짝지어진 것을 고르시오.

• There	is / are	many kids in the playground.
• There	was / were	not a key on the table.
• They	was / were	my close friends.

① is – was – was
② is – were – were
③ are – was – was
④ are – was – were
⑤ are – were – were

「There+be동사」

「There+be동사」는 '~가 있다[있었다]'는 의미이며, 뒤에 단수명사나 셀 수 없는 명사가 오면 be동사는 is[was], 복수명사가 오면 are[were]를 쓴다. 부정형은 「There+be동사+not」으로 나타낸다.
There is *a special gift* on the desk.
There are not *lots of books* in the library.

be동사의 과거형

단수		I	was
		you	were
		he/she/it	was
복수		we/you/they	were

핵심 「There+be동사」 뒤에 복수명사가 오면 be동사는 are[were], 단수명사가 오면 is[was]를 쓴다. 주어가 3인칭 복수일 때 be동사의 과거형은 were이다.

11 부정 명령문

다음 문장을 부정 명령문으로 알맞게 고친 것을 고르시오.

> You say bad words in the classroom.

① Say bad words in the classroom.
② No say bad words in the classroom.
③ Don't say bad words in the classroom.
④ Don't saying bad words in the classroom.
⑤ You didn't say bad words in the classroom.

부정 명령문

부정 명령문은 「Don't+동사원형」의 형태로 '~하지 마라'라는 뜻을 나타낸다.
Don't turn off the TV.
Don't be shy.

핵심 부정 명령문은 **Don't** 뒤에 동사원형이 온다.

12 비교급의 형태

다음 중 밑줄 친 부분이 어법상 틀린 것을 고르시오.

① Your cat is <u>smaller</u> than mine.
② The subway is <u>slower</u> than that train.
③ This box is <u>heavyer</u> than that one.
④ This room is <u>larger</u> than that room.
⑤ The ocean is <u>deeper</u> than the lake.

비교급의 형태

형용사와 부사의 비교급 형태

대부분의 단어	원급+-er	short → short**er**
-e로 끝나는 단어	원급+-r	large → larg**er**
단모음+단자음으로 끝나는 단어	자음을 한 번 더 쓰고+-er	big → big**ger**
-y로 끝나는 단어	y를 i로 바꾸고+-er	happy → happ**ier**

핵심 형용사 heavy의 비교급은 **heavier**이다.

13 부사의 쓰임

다음 중 밑줄 친 부분이 부사로 쓰인 것을 고르시오.

① Look at the <u>lovely</u> baby!
② I <u>slowly</u> baked some cookies.
③ Do you want to be <u>healthy</u>?
④ Those <u>big</u> birds cannot fly.
⑤ His magic was <u>perfect</u>.

14 일반동사의 현재형

다음 중 빈칸에 들어갈 수 없는 것을 고르시오.

_____ goes to a movie every weekend.

① He   ② Chris
③ My mother   ④ The girl
⑤ The children

부사의 쓰임

부사는 문장의 의미를 더 풍부하게 하며, 명사를 제외한 여러 요소를 수식한다.

I get up **early**. 〈동사 수식〉

We are **really** good friends. 〈형용사 수식〉

He can run **very** fast. 〈부사 수식〉

Sadly, we lost the baseball game. 〈문장 전체 수식〉

핵심 slowly는 동사 baked를 수식하는 부사이다.

일반동사의 현재형

주어가 1인칭, 2인칭이거나 복수일 때 일반동사는 원형 그대로 쓰지만, 주어가 3인칭 단수일 때는 동사의 형태를 바꾸어 「동사원형+-(e)s」 또는 불규칙 변화형을 쓴다.

핵심 동사(goes)가 단수형이므로 주어 자리에 복수명사는 들어갈 수 없다.

15 일반동사의 과거형

다음 중 동사의 과거형이 바르게 짝지어지지 <u>않은</u> 것을 고르시오.

① see – saw   ② read – read
③ like – liked   ④ meet – meeted
⑤ plan – planned

일반동사의 과거형
규칙 변화

대부분의 동사	동사원형+-ed	watched, talked, walked, learned
자음+e로 끝나는 동사	동사원형+-d	lived, moved, liked
자음+y로 끝나는 동사	y를 i로 바꾸고 +-ed	cry → cried study → studied
단모음+단자음으로 끝나는 동사	자음을 한 번 더 쓰고+-ed	stop → stopped plan → planned

불규칙 변화

현재형 = 과거형	put → put hit → hit	cut → cut read → read
현재형 ≠ 과거형	do → did come → came eat → ate sleep → slept	have → had go → went lose → lost see → saw

핵심 동사 meet의 과거형은 불규칙 변화로 met이다.

16 일반동사의 의문문

다음 주어진 문장을 의문문으로 바꿔 쓰시오.

Jaden plays the violin.

정답 _____

일반동사의 의문문

주어	일반동사의 의문문	대답
1인칭, 2인칭, 복수	Do+주어+동사원형 ~?	Yes, 주어+do. No, 주어+don't.
3인칭 단수	Does+주어+동사원형 ~?	Yes, 주어+does. No, 주어+doesn't.

Do *you* **like** Italian food? – Yes, I do.
Does *it* **taste** good? – No, it doesn't.

핵심 일반동사의 의문문은 주어에 따라 **Do** 또는 **Does**로 시작하며, 주어 뒤에 동사원형을 쓴다.

17 제안문

다음 중 <u>잘못된</u> 부분을 찾아 바르게 고쳐 쓰시오.

> How about buy bicycles?

정답 _____ → _____

제안문

「What[How] about+(동)명사 ~?」는 '~는 어때?, ~하는 게 어때?'의 의미로, 상대방에게 제안할 때 쓴다.

What about <u>pizza</u> for lunch?
　　　　　　명사
How about <u>watching</u> TV?
　　　　　　동명사

핵심 How about 뒤에는 명사나 동명사가 와야 한다.

18 인칭대명사와 격

다음 우리말과 일치하도록 주어진 단어를 바르게 배열하시오.

> Tim은 그의 반 친구이다.
> (is, Tim, classmate, his)

정답 _____

인칭대명사와 격

수	인칭	주격 (~는, ~가)	소유격 (~의)	목적격 (~을)	소유대명사 (~의 것)
단수	1인칭	I	my	me	mine
	2인칭	you	your	you	yours
	3인칭	he she it	his her its	him her it	his hers –

핵심 명사 classmate 앞에 소유격 his를 쓴다.

19 의문사가 있는 의문문

다음 우리말과 일치하도록 주어진 단어를 활용하여 영작하시오.
(5단어로 쓸 것)

> A: 너는 언제 점심을 먹니? (when, do, eat lunch)
> B: I eat lunch at noon.

정답 _____

의문사가 있는 의문문

의문사는 누가(who), 무엇을(what), 언제(when), 어디서(where), 어떻게(how), 왜(why)와 같은 정보를 물을 때 쓰는 말로, 문장에 쓰인 동사에 따라 의문문의 형태가 달라진다.

동사가 be동사인 문장	「의문사+be동사+주어 ~?」
동사가 일반동사인 문장	「의문사+조동사(do/will/can 등)+주어+동사원형 ~?」
의문사가 주어인 문장	「의문사+동사 ~?」

A: **When** did the alarm ring?
B: It rang at 6 a.m.

핵심 When으로 시작하는 의문문 중 동사가 일반동사인 문장이다.

20 「There+be동사」의 부정문

다음 주어진 문장을 부정문으로 바꿔 쓰시오. (5단어로 쓸 것)

> There is a bird in the cage.

정답 _____
in the cage.

「There+be동사」의 부정문

'~가 있다[있었다]'를 나타내는 「There+be동사」의 부정문은 be동사 뒤에 not을 붙여서 나타낸다. 뒤에 단수명사나 셀 수 없는 명사가 올 때는 is[was] not, 복수명사가 올 때는 are[were] not으로 쓴다.
There is not *a sofa* in your room.
There were not *books* on the table.

핵심 be동사인 is 뒤에 not을 써서 부정형을 나타낸다.

01 조동사의 형태와 쓰임

다음 중 밑줄 친 부분이 어법상 옳은 것을 고르시오.

① She <u>not may like</u> my gift.
② Dan <u>has to clean</u> his room.
③ They <u>cannot played</u> the violins.
④ They <u>must keeping</u> the game rules.
⑤ You <u>should eat not</u> too much ice cream.

조동사의 형태와 쓰임

조동사는 동사의 앞에 쓰여 미래, 가능, 허가, 추측, 의무, 충고 등의 의미를 더해주며, 기본 형태는 「조동사+동사원형」, 부정문은 「조동사+not+동사원형」, 의문문은 「(의문사)+조동사+주어+동사원형 ~?」으로 나타낸다.

조동사는 주어에 따라 그 형태가 변하지 않는다. 단, be able to, have to 는 주어의 인칭 및 시제에 따라 형태가 변한다.
She **is able to** *ride* a horse.
He **has to** *finish* his homework by tomorrow.

핵심 주어가 3인칭 단수일 때 have to는 has to로 써야 한다.

02 인칭대명사와 격 / 지시형용사

다음 빈칸에 들어갈 말이 바르게 짝지어진 것을 고르시오.

> • The concert ticket is _____.
> • _____ shoes are big for me.

① its – This
② your – This
③ your – These
④ yours – That
⑤ yours – These

인칭대명사와 격

수	인칭	주격 (~는, ~가)	소유격 (~의)	목적격 (~을)	소유대명사 (~의 것)
단수	1인칭	I	my	me	mine
	2인칭	you	your	you	yours
	3인칭	he she it	his her its	him her it	his hers –
복수	1인칭	we	our	us	ours
	2인칭	you	your	you	yours
	3인칭	they	their	them	theirs

지시형용사

지시형용사 this/that는 단수명사와, these/those는 복수명사와 함께 쓴다. this/these는 가까이에 있는 사물이나 사람, that/those는 멀리 있는 것을 가리킨다.

핵심 '너의 것'은 소유대명사 yours로 나타내며, 복수명사를 수식하는 지시형용사는 These이다.

03 비교급의 형태

다음 중 원급과 비교급의 형태가 <u>잘못</u> 짝지어진 것을 고르시오.

① hot – hotter
② fast – faster
③ happy – happier
④ old – oldder
⑤ tall – taller

04 시간의 전치사

다음 중 빈칸에 알맞은 것을 고르시오.

| We have a school festival _____ June 12. |

① in　　　　　　② at
③ on　　　　　　④ for
⑤ during

비교급의 형태

형용사와 부사의 비교급 형태

대부분의 단어	원급+-er	short → shorter
-e로 끝나는 단어	원급+-r	large → larger
단모음+단자음으로 끝나는 단어	자음을 한 번 더 쓰고+-er	big → bigger
-y로 끝나는 단어	y를 i로 바꾸고+-er	happy → happier

핵심 old의 비교급은 older이다.

시간의 전치사

시점을 나타내는 전치사

at	(구체적인 시각·시점)에	at 3 o'clock, at 5:30, at noon, at night
on	(날짜, 요일, 특정한 날)에	on May 5th, on Friday, on my birthday
in	(오전/오후, 월, 계절, 연도)에	in the morning, in June, in winter, in 2024

시간 관계를 나타내는 전치사

before	~ 전에	before meals
after	~ 후에	after winter
during	(특정 기간을 나타내는 명사) 동안	during the movie
for	(숫자가 포함된 구체적인 기간) 동안	for two days

핵심 날짜를 나타내는 June 12 앞에는 전치사 on이 온다.

05 형용사의 쓰임

다음 중 괄호 안의 말이 들어갈 위치를 고르시오.

① We ② have ③ a ④ menu ⑤ for dinner. (new)

형용사의 쓰임

(대)명사를 수식하거나, 주어나 목적어를 보충 설명하는 보어의 역할을 한다.

명사 수식	Sydney is a **big** city. I have **good** friends.
주어를 보충 설명	*Julie* is **honest**. *My brother* is **tall**.
목적어를 보충 설명	My dog makes *me* **happy**.

핵심 형용사 new가 명사 menu 앞에 위치하여 명사를 수식한다.

06 일반동사의 과거형

다음 중 밑줄 친 부분이 어법상 **틀린** 것을 고르시오.

① The store <u>opened</u> yesterday.
② He <u>went</u> to Mexico last year.
③ I <u>run</u> in the park two hours ago.
④ Lisa <u>watched</u> TV in the afternoon.
⑤ We <u>played</u> soccer last weekend.

일반동사의 과거형

규칙 변화

대부분의 동사	동사원형+-ed	searched, wanted, learned, worked, started, watched
자음+e로 끝나는 동사	동사원형+-d	moved, closed, saved, changed, caused
자음+y로 끝나는 동사	y를 i로 바꾸고 +-ed	carry → carried dry → dried
단모음+단자음으로 끝나는 동사	자음을 한 번 더 쓰고+-ed	stop → stopped plan → planned

불규칙 변화

현재형 = 과거형	put → **put** hit → **hit**	cut → **cut** read → **read**
현재형 ≠ 과거형	do → **did** come → **came** see → **saw** tell → **told**	have → **had** go → **went** hear → **heard** run → **ran**

핵심 run의 과거형은 ran이다.

07 현재진행형

다음 문장을 현재진행형으로 바르게 옮긴 것을 고르시오.

> Melissa plays the flute.

① Melissa is play the flute.
② Melissa playing the flute.
③ Melissa is playing the flute.
④ Melissa will play the flute.
⑤ Melissa does play the flute.

현재진행형

현재진행형은 「be동사의 현재형(am/are/is)+v-ing」의 형태이며, 이때 be동사는 주어의 인칭과 수에 맞춰 쓴다.

동사의 진행형(v-ing) 만드는 방법

대부분의 동사	동사원형+-ing	walking, going
-e로 끝나는 동사	e를 빼고+-ing	coming, making
-ie로 끝나는 동사	ie를 y로 바꾸고 +-ing	die → dying lie → lying
단모음+단자음으로 끝나는 동사	자음을 한 번 더 쓰고+-ing	run → running stop → stopping

핵심 현재진행형은 「be동사의 현재형+v-ing」 형태로 쓴다.

08 미래시제 / 현재진행형의 부정형

다음 중 어법상 옳은 것을 고르시오.

① You will gets well soon.
② They are coming not here now.
③ Dad is going to read the book soon.
④ We are go to play baseball tomorrow.
⑤ Noah is going buy a new skateboard.

미래시제

「will+동사원형」은 '~할 것이다, ~하겠다'라는 의미로, 미래에 대한 예측이나 주어의 의지를 나타낸다. 또한, 「be동사+going to+동사원형」으로도 미래시제를 나타낼 수도 있다.

I **will remember** you.
She **is going to wear** a dress for the party.

현재진행형의 부정형

현재진행형의 부정형은 v-ing 앞에 not을 붙인 「be동사의 현재형+not+v-ing」 구문으로 나타낸다.

핵심 「be동사+going to+동사원형」 구문으로 미래시제를 나타낼 수 있다.

09 조동사의 의미와 의문문

다음 우리말을 영어로 바르게 옮긴 것을 고르시오.

> 제가 날짜를 변경해야 하나요?

① Can I change the date?
② May I change the date?
③ Should I change the date?
④ Am I able to change the date?
⑤ Must I not change the date?

10 장소의 전치사

다음 빈칸에 공통으로 들어갈 말을 고르시오.

> • I put coins _____ my pocket.
> • My uncle lives _____ LA.

① at   ② in
③ for   ④ on
⑤ under

조동사의 의미와 의문문

조동사의 기본 형태는 「조동사+동사원형」이며, 의문문은 「조동사+주어+동사원형 ~?」의 형태로 나타낸다.

can	~할 수 있다 〈능력·가능〉 ~해도 좋다 〈허가〉
may	~해도 좋다 〈허가〉 ~일지도 모른다 〈약한 추측〉
must	~해야 한다 〈의무〉 ~임에 틀림없다 〈강한 추측〉
should	~해야 한다 〈가벼운 의무〉 ~하는 것이 좋다 〈권유·충고〉

Can[May] I touch the screen?
– Yes, you **can[may]**. / No, you **can't[may not]**.

Should I wear a tie at the party?
– Yes, you **should**. / No, you **shouldn't**.

핵심 '~해야 한다'의 의미는 조동사 should로 나타낸다.

장소의 전치사

in	(공간의 내부, 도시, 국가)에	in a box, in a room, in London, in China
at	(장소의 한 지점)에	at home, at school, at the store, at the bus stop
on	~ 위에	on the floor
under	~ 아래에	under the bed
in front of	~ 앞에	in front of the library
behind	~ 뒤에	behind the door
next to	~ 옆에	next to the supermarket

핵심 공간의 내부나 도시 앞에는 전치사 in을 쓴다.

11 명령문

다음 중 어법상 틀린 것을 고르시오.

① Have a seat.
② Be an honest person.
③ Don't jump into the pool.
④ Please stand up.
⑤ Not be rude to your parents.

12 인칭대명사와 격 / 비인칭주어 it / 지시대명사

다음 중 어법상 틀린 것을 고르시오.

① It is her smartphone.
② That is 12:00 p.m.
③ These are new sunglasses.
④ Those are my watches.
⑤ It is from Singapore.

명령문

상대방에게 명령하고 지시할 때 쓰는 문장으로 「동사원형 ~」의 형태로 쓰이며 '~해라'의 의미를 나타낸다. 부정 명령문은 동사원형 앞에 Don't를 붙인 형태로 「~하지 마라」의 의미이다.
명령문 앞에 Please를 붙이면 공손한 부탁의 의미가 된다.

Turn off the TV.
Please be quiet in the library.
Don't turn off the TV.
Don't be shy.

핵심 긍정 명령문은 「동사원형 ~」으로, 부정 명령문은 「Don't+동사원형 ~」으로 시작한다.

인칭대명사와 격

수	인칭	주격 (~는, ~가)	소유격 (~의)	목적격 (~을)	소유대명사 (~의 것)
단수	1인칭	I	my	me	mine
	2인칭	you	your	you	yours
	3인칭	he she it	his her its	him her it	his hers –

비인칭주어 it

비인칭주어 it은 시간, 날짜, 요일, 날씨, 계절, 거리를 나타낼 때 쓴다.

What time is **it** now? – **It's** 7 p.m. 〈시간〉
How is the weather? – **It's** sunny. 〈날씨〉
How far is **it**? – **It's** 10 kilometers away. 〈거리〉

지시대명사

지시대명사 this는 '이것, 이 사람'의 뜻으로 가까운 대상을 가리킬 때 쓰며, 먼 대상을 가리키는 that은 '저것, 저 사람'이라고 해석한다. 복수형은 these/those이다.

핵심 시간을 나타낼 때는 비인칭주어 it을 쓴다.

13 소유대명사

다음 **보기** 처럼 바꿔 쓴 것 중 어법상 **틀린** 것을 고르시오.

> **보기** It is your bicycle. → It is yours.

① This is his pencil case. → This is his.
② These are Amy's pants. → These are hers.
③ Those are my textbooks. → Those are mine.
④ Those are our pictures. → Those are us.
⑤ People like your music. → People like yours.

소유대명사

수	인칭	주격 (~는, ~가)	소유격 (~의)	목적격 (~을)	소유대명사 (~의 것)
단수	1인칭	I	my	me	mine
	2인칭	you	your	you	yours
	3인칭	he she it	his her its	him her it	his hers –
복수	1인칭	we	our	us	ours
	2인칭	you	your	you	yours
	3인칭	they	their	them	theirs

핵심 1인칭 복수의 소유대명사는 ours이다.

14 일반동사의 부정문과 의문문

다음 중 빈칸에 do[Do]를 쓸 수 **없는** 것을 고르시오.

① I _____ not lie to you.
② _____ you like black tea?
③ We _____ not talk in class.
④ _____ Sue and Ian study English?
⑤ _____ she stay home on weekends?

일반동사의 부정문

주어	부정형	줄임말
1인칭, 2인칭, 복수	do not+동사원형	don't+동사원형
3인칭 단수	does not+동사원형	doesn't+동사원형

We **don't like** sad movies.
Sam **doesn't wear** glasses.

일반동사의 의문문

주어	일반동사의 의문문	대답
1인칭, 2인칭, 복수	Do+주어+동사원형 ~?	Yes, 주어+do. No, 주어+don't.
3인칭 단수	Does+주어+동사원형 ~?	Yes, 주어+does. No, 주어+doesn't.

Do *you* **like** Italian food? – Yes, I do.
Does *it* **taste** good? – No, it doesn't.

핵심 일반동사의 의문문은 주어가 3인칭 단수일 때 주어 앞에 Does를 쓴다.

15 수량형용사

다음 대화의 빈칸에 알맞은 말을 고르시오.

> A: I made _____ food for the party.
> B: Let's invite more people, then.

① any
② many
③ few
④ a lot of
⑤ little

수량형용사

'수'와 '양'을 나타내어 명사를 꾸며 주는 형용사를 수량형용사라고 하며, '수'를 나타낼 때는 many, (a) few, a lot of를, '양'을 나타낼 때는 much, (a) little, a lot of를 사용한다.

셀 수 있는 명사의 복수형 앞	셀 수 없는 명사 앞	의미
a few	a little	조금 있는, 약간의
few	little	거의 없는
many	much	많은
a lot of / lots of		
some / any		약간의, 조금

a few flowers, few soldiers, many cars
a little milk, little water, much money
some food, any problems, lots[a lot] of information

핵심 food는 셀 수 없는 명사이므로 (a) little, much, a lot of/lots of 등과 함께 쓰인다.

16 형용사의 쓰임(명사 수식)

다음 우리말과 일치하도록 보기 에서 알맞은 형용사를 골라 문장을 완성하시오.

> 보기 small   warm   soft   kind

> 그녀는 엄마의 따뜻한 손을 잡았다.
> → She took her mother's _____ hands.

정답 _____

형용사의 쓰임(명사 수식)

형용사는 명사나 대명사를 꾸며주는 역할을 하며, 보통 명사를 앞에서 꾸며준다.
I have a **cute** girlfriend.

She is a **famous** singer.

핵심 '따뜻한'의 의미를 지닌 형용사는 warm이다.

17 셀 수 있는 명사의 복수형

다음 우리말과 일치하도록 주어진 단어를 활용하여 문장을 완성하시오. (2단어로 쓸 것)

> 열 명의 학생들이 농구를 한다. (student)
>
> → _____ play basketball.

정답 _____

셀 수 있는 명사의 복수형

대부분의 명사	명사+-s	pens, buildings
-s, -x, -ch, -sh 로 끝나는 명사	명사+-es	brushes, benches
자음+y로 끝나는 명사	y를 i로 고치고 +-es	baby → babies body → bodies
자음+o로 끝나는 명사	명사+-es	tomato → tomatoes 예외) piano → pianos memo → memos
-f, -fe로 끝나는 명사	f, fe를 v로 고치고 +-es	life → lives 예외) roof → roofs

핵심 명사 student의 복수형은 students이다.

18 be동사의 과거형

다음 문장의 밑줄 친 부분을 바르게 고쳐 쓰시오. (과거형으로 쓸 것)

> Tina and Sera <u>was</u> in the classroom.

정답 _____

be동사의 과거형

주어	be동사의 현재형	be동사의 과거형
I	am	was
He/She/It	is	was
We/You/They	are	were

I **was** tired yesterday.
They **were** famous singers a few years ago.

핵심 주어가 단수일 때 be동사의 과거형은 was, 복수일 때는 were이다.

19 부정대명사 every

다음 중 잘못된 부분을 찾아 바르게 고쳐 쓰시오.

> Every child have his or her own locker.

정답 _____ → _____

부정대명사 every

every는 개별적인 것들의 집단이나 무리를 가리키며, 원칙적으로 단수 취급한다.

- every+단수명사: 모든 ~
- every day[week/year]: 매일[매주/매년]
- every+숫자+복수명사: ~ 마다(= every+서수+단수명사)

Every *class* has its own leader.
We do the shopping **every** *Saturday*.
I plant some trees **every** *three months*.
　　　　　　　= **every** *third month*

핵심 「every+단수명사」는 '모든 ~'의 의미지만 단수 취급한다.

20 like to 구문

다음 우리말과 일치하도록 주어진 단어를 바르게 배열하시오.

> 나는 프랑스어 배우는 것을 좋아한다.
> (learn, I, to, French, like)

정답 _____

like to 구문

like to는 '~하는 것을 좋아하다'는 의미이며, 부정형은 like 앞에 don't[doesn't]를 붙인다.
I **like to** write fantasy stories.
I **don't like to** sing K-pop songs.

핵심 like to는 '~하는 것을 좋아하다'의 의미이다.

01 인칭대명사와 격

다음 중 빈칸에 알맞은 것을 고르시오.

_____ are my best friends.

① I   ② We
③ She   ④ They
⑤ Their

인칭대명사와 격

수	인칭	주격 (~는, ~가)	소유격 (~의)	목적격 (~을)	소유대명사 (~의 것)
단수	1인칭	I	my	me	mine
	2인칭	you	your	you	yours
	3인칭	he she it	his her its	him her it	his hers –
복수	1인칭	we	our	us	ours
	2인칭	you	your	you	yours
	3인칭	they	their	them	theirs

핵심 3인칭 복수 주격대명사는 they이다.

02 조동사 can의 의미

다음 **보기**의 밑줄 친 **can**의 의미로 알맞은 것을 고르시오.

보기 He <u>can</u> play the piano.

① ~할 수 있다
② ~임에 틀림없다
③ ~해야 한다
④ ~일지도 모른다
⑤ ~하곤 했다

조동사 can의 의미

조동사 can은 '~할 수 있다'는 능력·가능, 또는 '~해도 좋다'는 허가의 의미를 나타낸다. 조동사 can이 능력·가능을 나타낼 때는 be able to로 바꿔 쓸 수 있으며, 허가를 나타낼 때는 may로 바꿔 쓸 수 있다

I **can** play the piano. 〈능력·가능〉
You **can** use my phone. 〈허가〉

핵심 조동사 can은 '~할 수 있다'는 능력·가능, 또는 '~해도 좋다'는 허가를 나타낸다.

03 be동사의 부정문

다음 중 밑줄 친 부분을 줄여 쓸 수 <u>없는</u> 것을 고르시오.

① It <u>is not</u> cheap.
② You <u>are not</u> alone.
③ I <u>am not</u> happy now.
④ This soup <u>was not</u> delicious.
⑤ They <u>were not</u> in the hospital.

be동사의 부정문

be동사의 부정문은 「주어+be동사」 뒤에 not을 붙여 '~가 아니다, (~에) 있지 않다'의 의미를 나타낸다. are not은 aren't, is not은 isn't로 줄여 쓸 수 있으나, am not은 amn't로 줄여 쓸 수 없다.

I **am not** sad.
= I**'m not** sad.   I **amn't** sad. (X)

핵심 **am not**은 줄여 쓸 수 없다.

04 셀 수 없는 명사

다음 중 빈칸에 들어갈 수 <u>없는</u> 것을 고르시오.

I have a _____.

① book   ② pencil
③ bag   ④ water
⑤ banana

셀 수 없는 명사

물질명사 (나누어 셀 수 없는 물질)	cheese, paper, water, milk, sugar, coffee, money, juice, air 등
추상명사 (추상적인 개념)	joy, happiness, luck, love, beauty, peace, time, music 등
고유명사 (사람, 지역, 나라 이름 등)	Emma, Washington, Korea 등

핵심 **water**는 셀 수 없는 명사이므로 부정관사와 함께 쓸 수 없다.

05 be동사의 의문문 / 인칭대명사와 be동사의 형태 /
일반동사 현재형의 부정문

다음 중 어법상 옳은 것을 고르시오.

① Do you cold?
② Does he okay now?
③ They're my friends.
④ He don't do his homework.
⑤ Max and Betty doesn't eat meat.

be동사의 의문문

「be동사+주어 ~?」 형태로 쓰며, '~입니까?, (~에) 있습니까?'의 의미를 나타
낸다.

단수	Am I ~?	Are you ~?	Is he/she/it ~?
복수	Are we ~?	Are you ~?	Are they ~?

인칭대명사와 be동사의 형태

주어가 단수인 I, you, he/she/it일 때 be동사는 각각 am, are, is로, 복
수일 때는 are로 쓴다.

일반동사 현재형의 부정문

주어가 I/we/you/they일 때는 동사원형 앞에 do not[don't]을, 주어가
3인칭 단수 he/she/it일 때는 동사원형 앞에 does not[doesn't]을 쓴다.

핵심 주어의 인칭과 수에 따라 be동사의 형태가 달라지며 be동사가 포함된
의문문, 일반동사가 포함된 부정문 등 동사의 종류에 따른 다양한 문장
형태에 유의한다.

06 장소의 전치사

다음 중 밑줄 친 부분의 우리말 의미가 알맞지 <u>않은</u> 것을 고르시오.

① They are playing tennis <u>at school</u>.
                          = 학교에서
② A bicycle is <u>under a window</u>.
                   = 창문 아래에
③ There are balls <u>in a box</u>.
                  = 상자 안에
④ A cat was <u>behind Lina's bag</u>.
               = Lina의 가방 앞에
⑤ Henry's bottle is <u>on a bench</u>.
                  = 벤치 위에

장소의 전치사

in	(공간의 내부, 도시, 국가)에	in a box, in a room, in London, in China
at	(장소의 한 지점)에	at home, at school, at the store, at the bus stop
on	~ 위에	on the floor
under	~ 아래에	under the bed
in front of	~ 앞에	in front of you
behind	~ 뒤에	behind the door
next to	~ 옆에	next to the bench

핵심 behind는 '~ 뒤에'를 의미한다.

07 수를 나타내는 형용사 many

다음 중 빈칸에 **many[Many]**를 쓸 수 <u>없는</u> 것을 고르시오.

① There are _____ people on the street.
② I have _____ friends.
③ The singer has _____ fans around the world.
④ I had too _____ homework.
⑤ The students saw _____ paintings.

08 의문사 how

다음 빈칸에 **How**를 쓸 수 <u>없는</u> 것을 고르시오.

① _____ is your school life?
② _____ can I fix the computer?
③ _____ is your teacher's name?
④ _____ do you go to work?
⑤ _____ are you feeling today?

수를 나타내는 형용사 many

many는 셀 수 있는 명사의 수를 나타낼 때 쓰며, a lot of 또는 lots of로 대신할 수 있다.
I saw **many** *police officers* on the street.
I can see **many** *starts* in the sky.

핵심 many는 셀 수 있는 명사 앞에 올 수 있다.

의문사 how

'어떻게, 어떤'의 의미로, 상태나 방법, 수단 등을 물을 때 사용한다.
How was your vacation? – It was great. 〈상태〉
How do you get there? – I go there by subway. 〈방법·수단〉
How can I turn on this machine? – With this remote control. 〈방법·수단〉

핵심 how는 '어떻게, 어떤'의 의미로 상태나 방법, 수단 등을 물을 때 사용된다.

09 현재진행형의 형태 / 현재진행형의 부정문

다음 중 어법상 옳은 것의 개수를 고르시오.

> a. I am listening to music.
> b. She is carrying not a bag.
> c. The men are not wearing helmets.
> d. My sister is wait for me.

① 0개　　② 1개　　③ 2개　　④ 3개　　⑤ 4개

현재진행형의 형태

'~하고 있다, ~하는 중이다'의 의미로 현재 진행 중인 일을 말할 때 현재진행형을 쓴다. 주어에 따라 「am/are/is+v-ing」의 형태로 쓴다.

I am baking cookies.
My parents **are having** dinner.

현재진행형의 부정문

'~하고 있지 않다'의 의미로 be동사(am/are/is) 뒤에 not을 붙여서 만든다.
I am not baking cookies.
My parents **are not having** dinner.

핵심 현재진행형은 「am/are/is+v-ing」의 형태, 부정문은 be동사 뒤에 부정어 not이 온다는 점에 유의한다.

10 미래시제 be going to / 현재진행형의 의문문

다음 빈칸에 공통으로 들어갈 말을 고르시오.

> • It _____ going to rain tonight.
> • _____ she studying Chinese?

① be[Be]
② is[Is]
③ will[Will]
④ does[Does]
⑤ did[Did]

미래시제 be going to

「be going to+동사원형」은 '~할 예정이다, ~할 것이다'라는 의미로, 이미 정해 놓은 미래의 계획이나 미래에 대한 예측을 나타낸다. 이때 주어의 인칭과 수에 따라 be동사를 맞춰 쓴다.

My friends **are going to visit** my house.
It **is going to be** sunny tomorrow.

현재진행형의 의문문

「be동사(Am/Are/Is)+주어+v-ing ~?」의 형태로, 이에 대한 대답은 「Yes, 주어+be동사.」 / 「No, 주어+be동사+not.」이다.
Is she **studying** now?
- Yes, she **is**. / No, she **isn't**.

핵심 주어가 It과 she이므로, be going to의 be동사와 현재진행형 의문문의 be동사는 is[Is]로 쓴다.

11 want to, like to 구문 / 장소를 나타내는 전치사

다음 빈칸에 들어갈 말이 나머지와 <u>다른</u> 것을 고르시오.

① I like _____ exercise.
② Paul wants _____ have a dog.
③ Bill is going _____ school.
④ Your jacket is next _____ the TV.
⑤ Chris put the TV in front _____ the sofa.

want to, like to 구문

want to는 '~하는 것을 원하다'의 의미, like to는 '~하는 것을 좋아하다'는 의미이며, 부정형은 동사 앞에 don't[doesn't]를 붙인다.
I **like to** write fantasy stories.
They **want to** be happy.
He **doesn't want to** check his email today.

장소를 나타내는 전치사

전치사 to는 '~로'의 의미로 목적지의 방향을 나타내며, next to(~ 옆에)와 in front of(~ 앞에)는 모두 위치를 나타내는 전치사이다.

핵심 빈칸에는 동사 want와 like 뒤에 오는 to와 위치를 나타내는 전치사가 들어갈 수 있다.

12 시간의 전치사

다음 중 밑줄 친 부분이 어법상 <u>틀린</u> 것을 고르시오.

① I arrived in Busan <u>in</u> noon.
② We watched a movie <u>after</u> lunch.
③ We don't go to school <u>on</u> Children's day.
④ We will go back home <u>at</u> night.
⑤ He came to Korea <u>in</u> July.

시간의 전치사

시점을 나타내는 전치사

at	(구체적인 시각·시점)에	**at** noon, **at** night
on	(요일, 날짜, 특정한 날)에	**on** Friday, **on** May 5th, **on** New Year's Day
in	(오전/오후, 월, 계절, 연도)에	**in** the morning, **in** October, **in** winter, **in** 2024

시간 관계를 나타내는 전치사

before는 '~ 전에', after는 '~ 후에'라는 의미로, 시간의 전후 관계를 나타낸다. for는 '~ 동안'이라는 의미로, 얼마 동안 그 일이 지속되는지 나타낸다.

핵심 noon(정오)과 같이 구체적인 시각·시점을 나타낼 때는 전치사 at을 쓴다.

13 접속사 but

다음 빈칸에 공통으로 들어갈 말을 고르시오.

> - I am tired _____ happy.
> - We played well, _____ we lost the game.

① but
② so
③ before
④ after
⑤ because

접속사 but
'그러나, ~지만'의 의미로, 내용상 서로 반대인 것을 연결하는 접속사이다.
단어와 단어, 문장과 문장 등을 연결한다.
The hotel is *old* **but** *clean.*
She is thin, **but** *she eats a lot.*

핵심 내용상 서로 반대인 것을 연결하는 접속사는 **but**이다.

14 형용사의 쓰임(명사 수식)

다음 중 빈칸에 들어갈 수 <u>없는</u> 것을 고르시오.

> She's wearing a _____ skirt.

① long
② pretty
③ lovely
④ nicely
⑤ strange

형용사의 쓰임(명사 수식)
형용사는 명사나 대명사를 꾸며주는 역할을 하며, 보통 명사를 앞에서 꾸며준다.
I have a **cute** girlfriend.

She is a **famous** singer.

핵심 대부분의 부사는 「형용사+-ly」의 형태이지만, lovely, friendly, costly처럼 -ly로 끝나는 형용사도 있다는 것에 유의한다.

15 부정관사 a[an]/정관사 the의 쓰임

다음 우리말을 영어로 바르게 옮긴 것을 고르시오.

> 그는 저녁에 바나나 한 개를 먹는다.

① He eats bananas in evening.
② He eats the banana in the evening.
③ He eats a banana in the evening.
④ He eats the banana in an evening.
⑤ He eats a banana in an evening.

16 비교급의 형태

다음 우리말과 일치하도록 주어진 단어를 활용하여 문장을 완성하시오. (1 단어로 쓸 것)

> 이 티셔츠는 저것보다 더 짧다. (short)
> → This T-shirt is _____ than that one.

 정답 _____

부정관사 a[an]의 쓰임

셀 수 있는 명사의 단수형 앞에 쓰이며, 뒤에 나오는 명사의 발음이 자음이면 a, 모음으로 시작하면 an을 쓴다.

특별히 정해지지 않은 하나의 명사 앞에	I need **a** pen.
사람이나 사물이 하나임을 나타낼 때 명사 앞에	I have **a** bother.
'~ 마다, 매'의 의미를 나타낼 때 명사 앞에	The car goes 60 km **an** hour.

정관사 the의 쓰임

세상에 하나밖에 없는 것 앞에	**the** sun, **the** earth, **the** world
play/practice와 쓰이는 악기 이름 앞에	play **the** piano, practice **the** guitar
위치/방향 앞에	**the** left, **the** east
in the+아침/오후/저녁	in **the** morning

핵심 정해지지 않은 하나를 나타낼 때 부정관사 a[an], 저녁 시간을 나타내는 evening 앞에 정관사 the를 쓴다.

비교급의 형태

형용사와 부사의 비교급 형태

대부분의 짧은 단어	단어+-er	short → short**er**
-e로 끝나는 단어	단어+-r	large → large**r**
단모음+단자음으로 끝나는 단어	자음을 한 번 더 쓰고 +-er	big → big**ger**
-y로 끝나는 단어	y를 i로 바꾸고+-er	happy → happ**ier**

핵심 short의 비교급은 shorter이다.

17 「감각동사+형용사」 (2형식)

다음 우리말과 일치하도록 주어진 단어를 활용하여 문장을 완성하시오. (2단어로 쓸 것)

> 그 강아지는 귀여워 보인다. (cute, look)
> → The puppy _____ .

정답 _____

「감각동사+형용사」 (2형식)

「주어+동사+보어」로 이루어진 문장을 2형식이라고 한다. 보어로는 형용사나 명사가 올 수 있으며, 주어를 보충해주는 말이므로 주격보어라고 한다. 감각을 나타내는 동사 뒤에는 형용사가 보어로 온다.

주어	+	look 보이다 feel 느낌이 들다 taste 맛이 나다	smell 냄새가 나다 sound 들리다 seem ~인 것 같다	+	형용사

The bird **looks** beautiful.
It **sounds** good.
The steak **smells** good.
The cake **tastes** sweet.
His new neighbors **seem** nice.

핵심 동사 look 뒤에는 형용사가 보어로 온다.

18 be동사 과거형의 의문문

다음 중 잘못된 부분을 찾아 바르게 고쳐 쓰시오. (1단어로 쓸 것)

> A: Were the staff members kind?
> B: No, they didn't.

정답 _____ → _____

be동사 과거형의 의문문

「Was/Were+주어 ~?」 '~이었습니까?, ~(에) 있었습니까?'를 나타내며, 대답할 때도 be동사의 과거형 was/were를 쓴다.
Was Victoria sick this morning?
– Yes, she **was**. / No, she **wasn't[was not]**.

핵심 Were로 시작하는 be동사 과거형의 의문문이므로, 이에 대한 대답에는 **were**가 포함되어야 한다.

19 제안문

다음 주어진 문장을 괄호 안의 지시대로 바꿔 쓰시오. (5단어로 쓸 것)

> We are going to the movies tonight.
> (Let's 제안문으로)

정답 _____ tonight.

20 미래시제 be going to

다음 우리말과 일치하도록 주어진 단어를 바르게 배열하시오.

> 그는 동물원에 갈 것이다.
> (he, go, going, is, to)

정답 _____ to the zoo.

제안문

Let's 제안문은 기본적으로 동사원형 앞에 Let's를 써서 나타내며 명령문처럼 주어가 없다. 이 외에도 다양한 표현으로 상대방에게 무엇인가 제안할 수 있다.

- 「Let's+동사원형」: ~하자
- 「Shall we+동사원형 ~?」: ~할래?
- 「Why don't we[you]+동사원형 ~?」: ~하는 게 어때?
- 「What[How] about+(동)명사 ~?」: ~는 어때?, ~하는 게 어때?

Let's eat out tonight.
Shall we dance?
Why don't we go to the library**?**
What about pizza for lunch**?**

핵심 Let's 제안문은 Let's 뒤에 동사원형이 온다.

미래시제 be going to

「be going to+동사원형」은 '~할 것이다'는 미래에 대한 예측 또는 미래의 계획을 나타내며, will과 바꿔 쓸 수 있다.
The chef **is going to** *make* some soup.
I **am going to** *visit* her this afternoon.

핵심 주어 He 뒤에 「be going to+동사원형」 구문으로 쓴다.

제안문

MEMO

MEMO

MEMO

10분 만에 끝내는 영어 수업 준비!

NE Tutor

엔이튜터

NE Tutor는 NE능률이 만든 대한민국 대표 영어 티칭 플랫폼으로
영어 수업에 필요한 모든 콘텐츠와 서비스를 제공합니다.

www.netutor.co.kr

NE Tutor

- 커리큘럼
- 스마트 문제뱅크
- 수업자료
- E-BOOK
- 레벨테스트
- 스마트 클래스
- 세미나

• 전국 영어 학원 선생님들이 뽑은 NE Tutor 서비스 TOP 3! •

1st. 스마트 문제뱅크 1분이면 맞춤형 어휘, 문법 테스트지 완성!!
문법, 독해, 어휘 추가 문제 출제 가능

2nd. 레벨테스트 학부모 상담 시 필수 아이템!!
초등 1학년부터 중등 3학년까지 9단계 학생 수준 진단

3rd. E-Book 이젠 연구용 교재 없이도 모든 책 내용을 볼 수 있다!!
ELT부터 중고등까지 온라인 수업 교재로 활용

NE_Tutor

NE 능률

www.nebooks.co.kr

필수 개념부터 서술형 문제까지 한 권에 多 담았다!

with workbook

GRAMMAR
Inside

LEVEL 2

A 4-level grammar course
with abundant writing practice

NE_ Neungyule

A Best-Selling
Grammar
Book

전국 온오프 서점 판매중

중학 영어에 필요한 모든 것 Inside 시리즈

STARTER
(예비중)

LEVEL 1
(중1)

LEVEL 2
(중1-2)

LEVEL 3
(중3)

STARTER
(중1)

LEVEL 1
(중1-2)

LEVEL 2
(중2-3)

LEVEL 3
(중3)

GRAMMAR Inside

· 꼭 알아야 할 중학 영문법 필수 개념만 담아 4단계로 구성
· 많은 양의 문제 풀이로 충분히 연습하여 완벽히 이해
· 서술형 문제를 대폭 수록하여 학교 내신에 철저히 대비
· 풍부한 양의 추가 문제를 수록한 워크북으로 복습 완성

READING Inside

· 문·이과 통합, 타교과 연계 지문이 수록된 원서형 독해서
· 다양한 유형의 질 높은 문제로 내신 및 서술형 시험 대비
· 필수 문법, 어휘, 지문 분석 연습을 위한 코너 수록
· 워크북 추가 문제 풀이로 학습 효과 극대화